Klaus Möllering (Hg.) **Worauf du dich verlassen kannst**

Unsere lieben Dorle
zum ChristFest 2003.
Deine

Mami u. Dane

Klaus Möllering (Hg.)

Worauf du dich verlassen kannst
Prominente schreiben ihren Enkeln

Evangelische Verlagsanstalt Leipzig

Die Deutsche Bibliothek – CIP-Einheitsaufnahme

Worauf du dich verlassen kannst : Prominente schreiben ihren
Enkeln / Hrsg.: Klaus Möllering. - 7. Aufl. - Leipzig : Evang.
Verl.-Anst., 2002
ISBN 3-374-01768-1

7. unveränderte Auflage 2002
(c) 1999 by Evangelische Verlagsanstalt GmbH, Leipzig
Printed in Germany • H 6619
Gestaltung, Satz und Umschlag: Ulrike Vetter
Druck und Binden: Grafisches Centrum Cuno, Calbe
ISBN 3-374-01768-1

INHALT

VORWORT

Worauf werden Menschen auch in Zukunft vertrauen können? Was wird nach ihrer Lebensauffassung auch im nächsten Jahrtausend, weit jenseits des magischen Jahres 2000 etwas sein, woran zu glauben lohnt, was dem Leben eine Richtung und unseren Hoffnungen einen Sinn gibt? Was würden Sie in einem Brief an Ihre Enkelkinder weitergeben – an die Generation, die sich im neuen Jahrtausend einrichten muß?

Auf diese Frage haben prominente Persönlichkeiten aus Kirche und Medien, aus Sport, Politik und Wissenschaft, aus dem Osten und dem Westen Deutschlands geantwortet für eine Sendereihe des Deutschlandfunks mit einem »Brief an meine Enkel«. Dabei sind Briefe voller Lebenserfahrung und nachdenklicher Weisheit entstanden. Immer sehr persönlich, ebenso geprägt durch den eigenen Lebensweg wie den Horizont unseres Jahrhunderts mit den Sorgen und Ängsten, die es uns hinterläßt – aber ohne deren Widerschein in dem apokalyptischen Schauder, in dem manche die Jahrtausendwende erleben. Denn oft wächst, das zeigen die Briefe an die Enkel, Vertrauen auch aus dem, was schon die eigenen Eltern und Großeltern glaubwürdig vorgelebt haben. So wird die Glaubenserfahrung verständlich, die sich hier in ganz unterschiedlichen Lebenserfahrungen entfaltet, verständlich auch für eine Generation, die sich im dritten Jahrtausend heimisch fühlen muß und für die die christliche Tradition noch viel weniger selbstverständlich sein wird als für uns.

In jedem Fall ist es mehr als eine Flaschenpost in die Zukunft, auch wenn die eigenen Enkel, wie Jürgen Fliege schreibt, »noch in den Sternen stehen«, oder die Botschaft sich einfach ganz allgemein an die übernächste Generation richtet, wie zum Beispiel in dem Brief von Maria Jepsen. Aus allen Briefen, angefangen mit dem von Manfred Kock, aber auch aus dem von Dorothee Sölle und Fulbert Steffensky, spricht zunächst einmal das Glück, daß es Adressaten, daß es den Segen dieser Kinder und Kindeskinder gibt, die zum Brückenschlag vom eigenen Leben in zukünftiges einladen. Mal mit fast so etwas wie einer Bilanz des eigenen Lebens wie bei Friedrich Schorlemmer, oder gar – so schreibt Renate Schmidt – einem Vermächtnis für diejenigen, die ein Stück von uns selbst in die Zukunft tragen. Ob als Klage und Anklage wie im Brief von Rupert Neudeck oder als Lebens- und Überlebenshilfe wie bei Erhard Eppler, ob als Strauß guter Wünsche, verbunden mit Ratschlägen und Mahnungen wie bei Otto Graf Lambsdorff, oder als Versuch von Liesel Westermann-Krieg, Wegweiser in ein unbekanntes Land zu entdecken, das noch jenseits des Horizontes liegt – aus allen Briefen spricht die Zuversicht, daß es auch in dieser Zukunft genug geben wird von dem »worauf Du Dich verlassen kannst«. Sei es in der Konzentration auf menschliche und vernünftige Einsichten wie bei Heide Simonis, dem Vertrauen der Sportler Eberhard Gienger oder Michael Groß vor allem auf die eigene Kraft, oder der explizit christlichen Hoffnung der meisten anderen Autorinnen und Autoren, die sich wie beispielsweise Joachim Gauck oder Reinhard Höppner ausdrücklich auf den Schatz an biblischen Geschichten und christlichen Überlieferungen berufen, die als Fundament das eigene Leben tragen.

Die Sendungen gewannen eine besonders persönliche Farbe mit der Stimme der prominenten Autorinnen und Autoren und der umrahmenden Musik, die oft von ihnen selbst ausgesucht worden war. Das Buch bietet nun die Chance, manches noch einmal in Ruhe nachzulesen. Die Aufgabe war immer dieselbe. Zwar finden sich daher manche Gedanken des einen Autoren auch bei anderen wieder – aber fast immer dann in einem anderen Licht, in anderer Perspektive, anderen Zusammenhängen. Sie werden im Vergleich konkreter und sprechen uns dadurch auch noch einmal grundsätzlicher an – oder reizen zur Auseinandersetzung. Es ist spannend und aufschlußreich, manche Briefe daraufhin einmal nebeneinander zu stellen – so zum Beispiel die Enkelbriefe von Jürgen Fliege und Heide Simonis, oder die von Rupert Neudeck und Norbert Blüm.

Ich danke den Autorinnen und Autoren dieses Buches, die uns mit ihren Briefen einen so persönlichen Einblick gegeben haben in das, was sie für ihre Enkel bewahren und damit auch unseren Enkeln weitergeben möchten.

Berlin, im Oktober 1999   Klaus Möllering

Manfred Kock wurde am 14. September 1936 geboren. Er studierte evangelische Theologie und war als Assistent an der Kirchlichen Hochschule Bethel tätig. Nach seinem Vikariat arbeitete er als Pfarrer in Recklinghausen und Köln. 1980 wurde er Superintendent des Kirchenkreises Köln-Nord, acht Jahre später Stadtsuperintendent aller evangelischen Kirchenkreise Kölns. Seit 1997 ist Manfred Kock Präses der Evangelischen Kirche im Rheinland und seit 1998 Vorsitzender des Rates der Evangelischen Kirche in Deutschland. Er ist verheiratet und hat drei Kinder.

Liebe Hannah, liebe Milena,

dies ist ein besonderer Brief, den Euer Großvater Euch schreibt. Ihr werdet ihn erst lesen können, wenn Ihr längst in einem neuen Jahrtausend lebt. Dabei geht es um eine Frage, die auch Euch immer wieder begegnen wird.

Ein Journalist hatte sie mir vor einigen Jahren gestellt, als Ihr noch nicht auf der Welt wart: »Was wünschen Sie sich noch für Ihr Leben?« Ich sagte: »Ich habe soviel erlebt und erfahren, bin mit liebevollen Menschen umgeben gewesen in meiner Familie. Ich habe einen sehr schönen Beruf und habe viele Jahre in Gesundheit verbracht. Das einzige, was ich mir noch wünsche, sind Enkelkinder.«

Der Journalist war etwas verblüfft: »Wie kann man heute noch Kinder in die Welt setzen?« fragte er. Das haben Eure Großmutter und ich uns natürlich auch gefragt, als wir heirateten. Wir hatten beide als Kinder den Krieg erlebt. Wir wußten, Frieden ist nicht selbstverständlich. Aber trotzdem haben wir Kinder gewollt und uns auf sie gefreut. Bei Euren Eltern ist das wohl so ähnlich gewesen. Sie leben in einer Zeit großer Ungewißheit, wie sich diese Welt weiter entwickeln wird. Sie nehmen das soziale Unrecht um sich herum aufmerksam wahr; sie leiden an der Not der Welt und sind ratlos, wie man sie beheben soll. Trotzdem haben sie Euch gewollt und sich gefreut, als Ihr geboren wurdet.

Das ist bei vielen jungen Erwachsenen heute anders. Sie entrüsten sich nicht mehr über das Unrecht in dieser Welt, und sie verlieren auch jenen Schuß Zuversicht, den sie nötig hätten, um mit positiven Erwartungen in die Zukunft zu gehen. Darum verlieren sie die Fähigkeit und die Kraft, sich den Herausforderungen des persönlichen und öffentlichen Lebens zu stellen. Die einen verkriechen sich in weinerliche Klagen, andere betäuben sich mit irrsinnigem Betrieb.

Wenn ich von »jenem Schuß Zuversicht« spreche, dann ist das eine andere Bezeichnung für Hoffnung, für Vertrauen in Verheißung. Ohne Hoffnung kann niemand leben und handeln. Das sprechendste Beispiel dafür ist immer noch die Situation der Krankheit. Hoffnung mobilisiert Kräfte der Gesundung. Wo die Hoffnung verlorengeht, da fehlt eine wichtige innere Kraft, um sich der Krankheit entgegenzustemmen. Das gilt weit über den Bereich von körperlicher Gesundheit und Krankheit hinaus. Wo keine Verheißungen mehr lebendig sind, da erlahmen die Lebenskräfte.

Ich selber habe die entscheidende Kraft aus der Begegnung mit der Botschaft Jesu geschöpft. Die Bibel, die über ihn berichtet, ist voller Verheißung. Es gibt überhaupt kein Dokument der Religionsgeschichte, das in vergleichbarer Weise vom Element der Verheißung geprägt ist. Das zieht sich wie ein roter Faden durch die Bibel.

Ein besonders gutes Beispiel dafür ist unser Geleitwort für das Jahr 1999: Christus sagte: »Siehe, ich bin bei Euch alle Tage bis an der Welt Ende.« Das ist ein gutes Wort, besonders vor dieser Wende zum neuen Jahrtausend.

Das Jahr 2000 wird weltweit mit großen Spektakeln und rauschenden Festen gefeiert werden. Mancherorts sind

schon seit Monaten alle Hotelzimmer und Restaurant-
plätze ausgebucht, weil Menschen die Jahrtausendwende
besonders ausgelassen feiern wollen. Der Taumel der
rauschenden Feier bedeutet aber keineswegs, daß die
Menschheit am Ende des Jahrtausends besonders fröhlich wäre. Apokalyptische Ängste sind noch da. Sie sind
abgesunken und verdrängt. Um so nachhaltiger wirken
sie im Untergrund.

Düstere Prognosen vorauszusagen, ist ein normales
Geschäft des Verstandes geworden. Ozonlöcher und
Verschmutzung der Meere, Tschernobyl und alle Scheuß-
lichkeiten aus den Schreckensküchen der ABC-Waffen-
Produzenten sind die Kennzeichen einer menschlich
machbaren Weltkatastrophe.

Auch wo der Mensch auf Fortschritt zum Wohl der
Menschheit aus ist, hat er die Zukunft nicht in der
Hand, er stößt unweigerlich immer wieder an die
Grenzen des Machbaren. Das gewaltige Anwachsen der
menschlichen Verfügungsmacht, wie sie sich mit der
modernen und wissenschaftlichen Technik verbindet,
führt in dieser Hinsicht manchmal zu Täuschungen.

Das biotechnische Zeitalter, in das wir eingetreten sind,
ist dafür ein anschauliches Beispiel. Das Bemühen, durch
Entwicklung von Arzneien und Apparaten zur Verlänge-
rung des Lebens beizutragen, durch Züchtung neuer
Sorten und Rassen Hunger zu bekämpfen, ist Ausdruck
eines Fortschrittstrebens, das Krankheit und Not lindern
und den Tod überwinden möchte.

Aber die Kräfte, die dem Tod die Macht nehmen wollen, führen gleichzeitig in die Überlebenskrise unserer
Zeit. Es mehren sich in erschreckender Weise Stimmen,

die den Menschen in der Lage wähnen, allmählich an die Stelle Gottes zu treten und eine Natur und einen Menschen nach planvollem Design zu gestalten. Mit immer feineren Formen der vorgeburtlichen Diagnostik kann man voraussehen, ob ein Kind vermutlich gesund zur Welt kommt oder nicht. Bei ungünstiger Prognose neigen immer mehr Menschen dazu, das Lebensrecht eines Menschen zu bestreiten, und lassen noch bis kurz vor dem Zeitpunkt der Geburt das Kind im Mutterleib töten. Vielleicht gibt es bald auch in unserem Land die schreckliche Möglichkeit, daß ein Kind nur deshalb nicht zur Welt kommen darf, weil es nicht dem erwünschten Aussehen entspricht – oder schon, weil es ein Mädchen ist, wenn man sich unbedingt einen Sohn gewünscht hat.

Immer häufiger wird diskutiert, ob Menschen mit unheilbaren Krankheiten nicht besser dran sind, wenn ihnen beim Sterben nachgeholfen wird. Im Moment wird das noch diskutiert unter dem Gesichtspunkt der Freiwilligkeit. Wir müssen uns aber nicht wundern, wenn eines Tages die Gesellschaft entscheidet, wie lange ein Mensch noch lebenswert ist und ab wann er für die Allgemeinheit eine unerträgliche Last werden könnte.

Ich kenne in meiner Umgebung viele Menschen, und ich gehöre selber dazu, die sich immer fragen: Warum haben wir nicht verhindert, daß unsere Enkel mit so vielen Problemen belastet werden.

Wir haben, als wir herangewachsen waren, unseren Eltern vorgeworfen, sie hätten durch Schweigen und durch leichtfertige Zustimmung die Naziherrschaft er-möglicht.

Ihr Enkel werdet uns vorwerfen, welch bedrohte Welt wir Euch hinterlassen haben. Denn diese Welt und Ihr habt die Risiken dessen zu tragen, was wir getan und unterlassen haben. Wir dokumentieren mit der Art und Weise, wie wir leben, die Versuche des Menschen, durch sein eigenes Handeln die Zukunft zu gewährleisten, aber wir spüren, wie wir uns dabei übernehmen und das menschliche Maß verfehlen.

Der Mensch und seine Fähigkeit kommen von der Gnade Gottes her und sind, damit sie tatsächlich dem Wohl der Menschen und ihrer Mitgeschöpfe dienen, auf Gottes Gnade angewiesen. Das wissen viele Menschen, auch viele Christen und Christinnen, oft nicht mehr. Zukunftsängste gibt es auch bei ihnen. Zukunftsängste sind ein Zeichen für eine verbreitete Glaubensmüdigkeit. Viele wissen, was ein Erschöpfungszustand ist. Sie haben es bei sich selbst oder bei ihnen nahestehenden Menschen erfahren. Fortwährende Überbeanspruchung und Belastung reiben die physischen und nervlichen Kräfte auf und führen zu körperlichen und seelischen Erschöpfungszuständen. Wie die Seele eines Menschen so kann wohl auch eine gesamte Kultur unter Erschöpfung leiden, mit der Folge, und darauf kommt es mir in diesem Zusammenhang an, daß der persönliche Glaube und das Leben der Kirche zu leiden beginnen.

Die für eine verbreitete Glaubens- und Kirchenkrise verantwortlichen Erschöpfungszustände kann und will ich nicht übersehen. Das fängt mit dem Erschrecken über die Unwissenheit und Unbildung in elementaren Glaubensdingen an. Deshalb wünsche ich Euch von Herzen, daß Ihr die alten Geschichten der Bibel kennenlernt.

Die meisten von ihnen sind Hoffnungsgeschichten. Obwohl sie schon zwei- oder dreitausend Jahre alt sind, helfen sie auch im nächsten Jahrtausend zum Leben.

Ich selber denke, daß die heutigen Erschöpfungszustände Durchgangsstadien sind. Krisen sind immer auch Chancen. Erschöpfungszustände sind nicht selten eine Schutzreaktion, mit der sich der Körper und die Seele eine Zeit des Atemholens und der Regeneration verschaffen.

In schwierigen Zeiten von Krise und Umbruch hatte ein alter Prophet einst gesagt: »Fürchte dich nicht, mein Knecht Jakob, denn ich will Wasser gießen auf das Durstige und Ströme auf das Dürre.« Wie eine Antwort darauf klingt ein Satz aus dem Neuen Testament. Er lautet: »Laßt uns festhalten an dem Bekenntnis der Hoffnung und nicht wanken. Werft euer Vertrauen nicht weg.« Diese Hoffnungsbotschaft, wie wir sie an vielen Stellen der Bibel finden, sind wir den Menschen in der Glaubens- und Kirchenkrise unserer Gegenwart schuldig. Und es ist eine Botschaft, die für Euch, im dritten Jahrtausend, ebenso wichtig ist. Sie hilft, daß Eure Zukunft gelingt.

In dem Wort »gelingen« stecken zwei Akzente: daß Menschen sich anstrengen, ein gestecktes Ziel zu erreichen, und daß sie den Erfolg nicht selbst gewährleisten. Mit anderen Worten: Der Mensch hat seine Zukunft nicht in der Hand.

In der Frage, ob die Zukunft gelingt, geht es immer um das Ineinander von persönlicher Verantwortung und Gnade. Das beides schließt sich nicht aus, steht nicht einmal im Gegensatz zueinander. Es ist vielmehr aufeinander bezogen, allerdings in einem eindeutigen Gefälle. Der christliche Glaube ruft in die Verantwortung, denn der Glaube macht den Menschen nicht klein, um Gott möglichst groß erscheinen zu lassen. Der Mensch ist Gottes Mitarbeiter, ja sein Stellvertreter auf Erden. Wenn wir uns nur immer im klaren wären, wieviel Gott uns zutraut!

Wie die Dunkelheit dieser Welt von der Hoffnung überstrahlt wird, ist am deutlichsten an den biblischen Ostergeschichten zu sehen. Darin wird gesagt: Gott steht zu seiner Schöpfung und zu jedem einzelnen Menschen. Der Tod hat nicht das letzte Wort. Das Kreuz ist nicht Niederlage, sondern Sieg. Der Tod am Karfreitag erscheint in einem ganz anderen Licht. So wie die Jünger damals die Nägelmale des Auferstandenen gesehen haben, so sehen auch wir die Leiden unserer Welt in einem neuen Licht, nämlich im Licht der Hoffnung.

Was Jesus eigentlich wollte, scheint unvollendet zu sein. Der Zustand der Welt und unserer Geschichte zeigt das. Die Qualen der Seelen und Leiber, die Nöte vieler Menschen, die Härte der Herzen, die ungestillten Tränen: Unsere Gräber sind nicht leer. Die grausamen Erfahrungen von Leid und Schmerz gehen weiter, auch nach Ostern. Wir Menschen werden auseinandergerissen durch den Tod. Wo Leben amputiert wird, wo Angst die Seele frißt, wo Phantasie verkrüppelt ist, spricht scheinbar alles gegen das Leben.

Vor dem Hintergrund dieser Erfahrung habe ich die Osterbotschaft immer wieder gehört. Wir bleiben in der Welt, aber Ostern verwandelt uns. Laßt Euch nicht verbittern durch Ohnmacht und Resignation, laßt Euch nicht vertrösten durch Todesverdrängung und Unsterblichkeitsphantasien. Christi Auferstehung verändert uns jetzt und gibt unserem Leben Tiefgang. Leben steht gegen Lebensangst, Hoffnung gegen Todesdrohung, Mut gegen Weltverdruß.

Das zu leben ist nicht immer leicht gewesen. Wie viele Menschen, so habe auch ich mich immer wieder damit abgequält. Und auch in Zukunft wird es wohl nicht leichter. Wie der Weg ans Kreuz so bleibt auch der Weg der Nachfolge Jesu ein schwerer Gang. Denn je deutlicher wir unsere Hoffnung gegen die Todeswelt setzen, desto sensibler werden wir für die Leidenden. Und das heißt: Wir werden mitleidend. Ein afrikanisches Sprichwort lautet: »Wer Tränen abwischt, bekommt nasse Hände.«

Immer wieder gibt es gerade darin auch Entlastung. Im Laufe meines Lebens habe ich immer wieder erfahren, daß mein Glaube über den Strom der Tränen trägt. Der Alltag ist derselbe wie vorher. Aber wir sind nicht mehr die gleichen. Die Leiden bleiben im Gedächtnis, die Geschichte unseres Versagens auch. Wir verdrängen sie nicht, aber wir lassen uns erfüllen von der Vision, alle Kreatur wird heil durch Gottes Liebe. Und wir sind nicht mehr die Komplizen des Todes in Trauer und Resignation, zweifeln nicht mehr an Jesus, sondern an der Macht der Mächtigen und an der Macht des Todes. Was ich für Euer Leben in der Zukunft des nächsten Jahrtausends empfehle, ist dieser einfache Rat: Fragt nicht, ob es wahr ist, was diese Botschaft bezeugt, sondern probiert sie aus, dann wird sie wahr. Dann werden die alten Geschichten der Bibel Eure Wahrheitsge-schichten. Dann werden diese alten Geschichten vor allem menschliche Geschichten.

»Unsere Zeit in Gottes Händen«, das ist das Motto unserer Kirche zur Jahrtausendwende. Das ist nur ein kalendarisches Datum. Doch an dieses Äußere lagern sich viele Fragen und Ängste an, weil die runde Zahl eine geradezu magische Anziehungskraft entfaltet. Das Motto für die Jahrtausendwende verweist auf zweitau-send Jahre mit Christus und blickt zugleich voraus in eine Zukunft, für die uns Christus verheißen hat: »Siehe, ich bin bei euch alle Tage bis an der Welt Ende.« Mit Christus, dem Gekreuzigten und Auferstandenen, hat die Zeitwende begonnen. Zu allen Menschen ist er gesandt, damit sie unter seinen Worten und mit der Kraft seines Geistes lernen, in Freiheit und Gerechtig-keit zu leben.

Das ist die Hoffnung für Euch und Eure Zukunft. Nutzt die Zeit aus, nutzt sie zum Guten. »Anno domini« sagen wir. Jedes Jahr ist ein Jahr des Herrn. Diese Gewißheit kann alle Angst vor der Zukunft überwinden. Solche Gewißheit wünsche ich Euch für Euer Leben von gan-zem Herzen und grüße Euch in Liebe

Euer Opa Manfred

Dorothee Sölle wurde am 30. September 1929 in Köln geboren. Sie studierte klassische Philologie, Philosophie, Germanistik und Theologie. Von 1975 bis 1987 hatte sie eine Professur für Systematische Theologie am Union Theological Seminary in New York inne.

Dorothee Sölle gilt als eine der Wortführerinnen der politischen Theologie. Sie steht der lateinamerikanischen Befreiungstheologie nahe. In ihrer Schrift »Stellvertretung« vertritt sie die sogenannte Gott-ist-tot-Theologie, die ihre Hoffnung weniger auf die Kraft Gottes als vielmehr auf die tätige Nächstenliebe setzt.

Dorothee Sölle wurde mit der Theodor-Heuss-Medaille geehrt und erhielt 1982 den Droste-Preis für Lyrik. Sie lebt heute als freie Schriftstellerin in Hamburg.

Dorothee Sölle ist mit Fulbert Steffensky verheiratet und hat vier Kinder.

Liebe Enkelkinder,

ich schreibe Euch diesen Brief an alle zusammen, obwohl sechs Beine (von Euren insgesamt acht) sehr weit weg von hier, in Bolivien, herumspringen und nur zwei Beinchen in Hamburg an der Elbe entlangspazieren.

Eigentlich mag ich Euch nicht einen »Gute-Ratschläge-Brief« schicken, wie man's im Leben zu was bringt und den Kopf immer oben behält oder welche Bücher man auf eine einsame Insel mitnimmt, obwohl, von einem Buch, ihr beiden Großen wißt schon welches, sollte man sich nicht trennen lassen. Ich will Euch lieber erzählen, was ich von Euch gelernt habe. Gerade wollte ich sagen, daß ich gute Ratschläge für eine der vielen Erwachsenendummheiten halte, da fällt mir ein, daß ich »Üb' immer Treu und Redlichkeit bis an dein kühles Grab« eigentlich gern singe, Mozart zuliebe. Und damit bin ich schon in der Ratschlagecke gelandet, Ihr ahnt sicher, was kommt, wie könnte es anders sein!

Singen, keinen Tag ganz ohne Lied, am Abend und am Morgen, am besten mit anderen zusammen, aber warum nicht auch allein. Und »kommt ohne Instrumenten nit«, wie es in einem Weihnachtslied heißt. Das ist zwar an Engel gerichtet, gilt aber auch für Euch Bengel, mit Schlagzeug oder Flöte, summend oder dreistimmig. Jeden Tag ein neues Lied lernen, egal ob Aymara oder Spanisch, Jiddisch oder Schwäbisch, das wäre doch toll. Das sind natürlich Großmutter-Übertreibungen, ich wünschte bloß, mir ginge es so gut!

Ich meine um Gottes Willen nicht, daß ihr alle Künstlerinnen und Künstler werden sollt, aber nur Computerspezialistin, Koch, Fernsehansagerin oder Wissenschaftsrat, ohne jedes Lied, weder tags noch nachts, weder für den Frühling noch im Herbst, stellt Euch doch vor, wie öde das wäre. Einer meiner Freunde aus der großen Bildungskiste heißt Goethe, Johann Wolfgang, der liebte das Wort »dilettantisch« (von delectare, sich ergötzen) und fand es nicht beleidigend, als Liebhaber oder Dilettant angesehen zu werden, was heute meistens Nichtskönner ohne Vorbildung und Wissen bedeutet. Ich wünsche Euch eine nicht-professionelle Liebe zum Schönen, die bei uns unter lauter Profis und Nützlichkeitsjägern immer mehr verschwindet. Ich träume ein bißchen von dieser in allen älteren Kulturen beheimateten Fähigkeit von einfachen Leuten, Lieder zu singen, zu malen, sich Geschichten zu erzählen. Wißt Ihr Großen schon, daß die kleine Charlotte mit ihren drei Jahren ihrem Teddy abends manchmal eine Geschichte erzählt? Es ist doch nicht schwer zu verstehen, daß ein Teddybär Geschichten braucht und natürlich ein Schlaflied.

Miguelito hat mit vier Jahren mal ganz nachdenklich, als ich beim Abendessen etwas zum besten gab, mit dem Kopf geschüttelt und mit Bedauern festgestellt: »Die Großmutter, die Großmutter, die hat einfach zu viel Phantasie, die fließt über vor Phantasie.« Ich bin wirklich kein Vorbild, was Ordnung, Sauberkeit und Fleiß angeht, aber ohne etwas Überfluß, einige Nutzlosigkeit darf, soll, kann das Leben nicht glücken! Das wünsche ich mir von Euch und für Euch.

Ich habe diesen nicht-materiellen Überfluß immer wieder in den Kulturen der Armut gesehen, aber das brauche ich Euch dreien in La Paz ja gar nicht zu erzählen, Ihr kennt ja die Feste im Dorf beim Titicacasee. Einen Film möchte ich aber erwähnen, den Du, Miguel, bald 14, ansehen könntest, zumal er in der Zeit, die Dich am meisten an Deutschland interessiert, spielt. Er heißt »Das Leben ist schön« und spielt größtenteils in einem Konzentrationslager. Er setzt den Überfluß, die Phantasie, die Schönheit gegen das Grauen, die Bürokratie und den Mord. Mit diesem Film ist es mir seltsam ergangen; ich fand darin eine Art Frömmigkeit ohne religiöse Wörter, Geschichten oder Gesten, eine Lebensfrömmigkeit, die sich nicht zerstören läßt, eine Art, trotz alledem das Leben zu lieben. Von ihr möchte ich Euch etwas vermachen.

In der Bibel heißt dieselbe Sache ganz einfach mit einem großen, veralteten Wort »loben«. Bitte lernt das und laßt es Euch nicht ausreden, es ist vielleicht das Wichtigste. »Lernen« ist vielleicht etwas zu pädagogisch dahergeredet, man kann sich das Loben nicht einpauken, es kommt eher über einen, wenn man Augen und Ohren offen hält. Als das Lottchen ein Jahr alt war und sprechen lernte, war sein erstes richtiges Wort ein Lobewort. Im Garten sah es eine Blume, einen ganz gewöhnlichen Löwenzahn, und es sagte erstaunt und fröhlich: »Toll, toll!« Ich habe diese Geschichte einmal in Amerika bei einem Vortrag erzählt und sagte für »toll« wonderful, great. Dann fügte ich das deutsche Wort hinzu, und all meine Zuhörerinnen fingen begeistert an, es nachzureden; der ganze Raum tönte nur so von (amerikanisch ausgesprochenem) »toll, toll«. Das hat mit dem Loben zu tun, und Ihr alle habt mir das beigebracht. Charlotte fragte nicht: »Kann man das essen?

Kann man es verkaufen? Was bringt es mir? Welchen Zweck hat so ein Ding überhaupt?« Oder wie ein etwas größerer Junge neulich seinen Vater fragte: »Wofür macht der Mond Reklame?« Eine merkwürdig dumm-kluge Frage.

Nun, die alte Tradition hätte darauf eine einfache Antwort gewußt: Der Mond lobt Gott, natürlich, was sonst. Das Schöne zieht uns zu Gott, bringt uns in einen Zustand, der mit Kaufen und Verkaufen nichts zu tun hat, aber mit Staunen und Stillwerden, mit Sich-wundern und vielleicht Summen, mit Sich-vergessen und mit Glück. Siehe da! Toll! Halleluja! Ich bin ein Teil des großen, wunderbaren Ganzen, das wir »Schöpfung« nennen. Vergeßt das nicht, es kann sich an ganz gewöhnlichen Dingen entzünden, an einer Pfütze am Straßenrand oder an einem Kieselstein, der rötlich glänzt.

Ich wünsche Euch jedenfalls viele Kieselsteine, immer wieder. Das Leben ist schön, und es schadet Euch gar nichts, ein paar olle Kirchenlieder zu lernen, die aus nichts anderem bestehen als aus diesem Singen und Loben, ohne Zweck und bloß so. »Du meine Seele singe, wohlauf und singe schön.« Da fordert eine Seele die andere, die etwas traurig oder tranig herumhockt, auf, doch mitzusingen, mit dem sprudelnden Wasser und dem Flieder, der gerade anfängt zu blühen. »Nun lob mein Seel den Herren« ist ein anderes altmodisches Kirchenlied, aber dann folgt der wunderbare Satz »was in mir ist, den Namen sein«. Alles, was in mir ist, und vielleicht mißmutig, gelangweilt, ärgerlich und schauderhaft ist, schmilzt weg, und die Freude zieht ein. Manchmal, wenn ich Angst habe vor den vielen

Unglücken, die wir Euch hinterlassen, dann fällt mir der wilde Zorn ein, den Ihr alle kennt. Ich denke, er gehört in diese große Liebe hinein. Ich will Euch an ein Erlebnis, das wir zusammen in Bolivien hatten, erinnern. Am Karfreitag haben wir auf dem Land eine Prozession begleitet. Die war wie ein Theaterstück im Gehen. Die Jünger verkrümelten sich, die Frauen gingen leise klagend und singend mit, und Jesus war ein Junge von vielleicht 15, sehr mager und blaß, nur mit einem Tuch bekleidet, und vor ihm und hinter ihm ritten die römischen Soldaten, mit riesigen roten Togen geschmückt, Schwerter oder Schlagstöcke in den Händen. Sie hatten Jesus zum Tode verurteilt, sie schlugen auf ihn los, sie spuckten ihm ins Gesicht ... Samuel, mein Enkel, noch nicht 4 Jahre, war atemlos vor Empörung. So zornig, wie nur er werden kann, stieß er hervor: »Ich geh' jetzt, ich renn' jetzt gleich in die Hölle zum Teufel und sag' ihm Bescheid. Der soll kommen und die Römer verprügeln, daß sie alle verschwinden. Ich sag's ihm, daß er endlich kommt.« Wer so viel Zorn fühlt, der kann auch »toll!« sagen.

Zum Singen und zum Loben gehört noch ein Drittes, das Ihr nicht beim Erwachsenwerden ablegen solltet wie ein Kinderkleid, das ist das Beten. Ich könnte auch einfach sagen, es ist das Wünschenlernen und aus dem »wunschlosen Unglück«, wie ein heutiger Dichter das mal sehr genau genannt hat, herauskommen.

Eine Freundin von mir ist Grundschullehrerin in einem Arbeitslosenviertel in Hamburg. Sie hat die Kinder vor Weihnachten gebeten, einen Wunschzettel zu schreiben, aber nur die Wünsche, die nicht durch Kaufen, durch

Geld erfüllbar sind. Die Kinder kamen richtig ins Nachdenken, kauten an ihren Bleistiften und kritzelten dann etwas aufs Papier. Über die zugelaufene kleine Katze, daß sie da bleibt, über den gräßlichen Bruder, der immer Streit anfängt. Ein Kind schrieb, daß Papa nicht wieder betrunken nach Hause kommt und die Mutter zusammenschlägt. Eins wünschte sich, daß die Bäume nicht wegen der neuen Autobahn abgehauen werden.

Weißt du eigentlich, fragte ich meine Freundin, was du da tust? Sie sah mich verdutzt an und ich sagte, das ist Gebetserziehung. Wir müssen lernen, unsere Träume und Hoffnungen zu kennen und sie zu benennen. Unsere Wünsche werden ja von riesigen Machtapparaten geprägt, inszeniert und aufgebaut; andere als die durch Geld erreichbaren sind kaum noch geduldet. Aber im Beten geht es um andere, tiefere Wünsche. Sie haben mit unserem gemeinsamen Leben zu tun, mit der Luft, die Ihr, meine Enkelkinder, atmen werdet, mit meinen Geschwistern, die Hunger haben und keine Schule, und auch den anderen Geschwistern, den Bäumen.

Andere Wünsche haben und uns in ein anderes Verhältnis zur geschaffenen Welt einüben, die Allmachtsträume begrenzen und uns aus der Geistlosigkeit der Verbraucher und Benutzer befreien, das wäre gut. Vielleicht heißt Beten in unserer Realität auch, andere Wünsche zu haben, als die, die die Wissenschaft uns zu erfüllen verspricht.

Das Beten ist wie das Singen, wie das Loben ein Ausdruck der Liebe zu Gott. Auf die Kirche bin ich manchmal ärgerlich, weil sie so oft nur zum Ausdruck bringt, daß Gott uns liebt, beschützt, wärmt, rettet. Das ist alles richtig, aber nicht genug. Es gibt keine Liebe, die so von einem allein auf andere träufelt, jede Liebe ist gegenseitig. Das allererste Gebot der Bibel heißt, daß du Gott »über alle Dinge, von ganzem Herzen, mit ganzer Kraft« lieben sollst. Denkt nicht, daß es Gott nicht kalt wäre, wenn er diese Welt ansieht und ihre immer noch weiter wachsende Ungerechtigkeit. Bildet Euch nicht ein, Gott brauchte uns nicht, er braucht Euch alle vier: Miguel, Johanna, Samuel und Charlotte. Er ist in Euch versteckt und Ihr seid in ihm versteckt.

Dazu muß ich Euch noch eine Geschichte mitteilen, die von Johanna kommt. Einmal erzählte ich ihr etwas von früher. Sie fragte, wie Kinder das oft tun: »Wo war ich, als das passierte?« Ich sagte: »Du warst noch nicht auf der Welt.« Das paßte ihr nicht und sie fragte: »Aber wo war ich denn?« Ich, dumm wie Erwachsene halt so sind, meinte: »Du warst noch nicht geboren.« Da wurde sie zornig und murrte: »Aber irgendwo muß ich doch gewesen sein!« Ich sagte etwas hilflos: »Ja du, du warst noch versteckt.« Dann hat dieses vierjährige Kind einen Augenblick geschwiegen und nachgedacht. »Klar«, sagte sie dann, »ich war in Gott versteckt.«

Vergeßt das bitte nicht, auch wenn die alte Mumama euch eines Tages keine Geschichten mehr erzählt.

Eure Mumama

Fulbert Steffensky wurde 1933 in Rehlingen/Saar geboren. Er studierte evangelische und katholische Theologie. Von 1969 bis 1972 arbeitete er als wissenschaftlicher Assistent an der pädagogischen Hochschule Ruhr. Im Anschluß daran erhielt er eine Professur für Erziehungswissenschaften an der Fachhochschule Köln. Seit 1975 ist er Professor für Religionspädagogik an der Universität Hamburg. Vordergründig widmet er sich der religiösen Erziehung in posttraditionalen und urbanen Gesellschaften und der kirchlichen Sprache in säkularen Räumen (Rundfunk, Fernsehen etc.). Von 1976 bis 1977 hatte er eine Gastprofessur am Union Theological Seminary in New York inne. Zu seinen Veröffentlichungen zählen »Gott und Mensch – Herr und Knecht?«, »Feier des Lebens« und »Das Haus, das die Träume verwaltet«. Fulbert Steffensky ist mit Dorothee Sölle verheiratet.

Lieber Miguel und liebe Johanna, lieber Samuel und liebe Charlotte,

wenn ich mit Euch spreche, dann verbinden sich Zeiten, die weit auseinander liegen. Ich bin 53 Jahre älter als der Älteste von Euch, Miguel. Ich bin 63 Jahre älter als die Jüngste von Euch. Charlotte. Ich staune und bin dankbar, daß wir uns aus solchen Fernen so gut verstehen. Die Jahre allein sagen noch nicht alles. Es sind andere Zeiten, in denen Ihr Kinder seid. Es sind andere Zeiten, in denen ich Kind war oder gar in denen meine Eltern und meine Großeltern Kinder waren. Laßt uns über diese Zeiten reden! Laßt uns unsere Zeiten vergleichen! Ihr drei Ältesten lebt in Bolivien und kommt wenigstens einmal im Jahr, meistens allein, nach Deutschland. Als ich in Deinem Alter war, Samuel, also fünf, lief ich auf die Straße, wenn wir ein Auto vorbeifahren hörten. Ein Flugzeug haben wir kaum gesehen. Kurze Zeit darauf haben wir sie dann jede Nacht gehört, die Bombenflugzeuge nämlich.

Wir lebten in einer anderen Welt von Geräuschen und Klängen. Die Nächte in unserem Dorf waren fast völlig still. Man hörte gelegentlich einen Hund anschlagen und die Ketten der Kühe oder Ziegen im Stall klirren, sonst nichts. Die ersten Geräusche des Tages waren der Schrei der Hähne und die Vögel, die zu singen anfingen; war das Knarren der Wagenräder, das man von weitem hörte und das langsam verschwand.

Ihr werdet in Hamburg oder in La Paz auch nachts die tönende Glocke der Großstadt nicht los. Die ersten Geräusche Eures Tages sind die der Autos oder der Bahn.

Es ist der Tageslärm. In unserem Dorf machten die Dinge keinen Lärm. Gelegentlich lärmten die Menschen, wenn sie miteinander stritten oder wenn sie betrunken waren. Die Dinge lärmten nicht. Vielleicht aber stört Euch dieser Lärm kaum noch, und Ihr habt so viel Angst vor der Stille wie wir Alten vor dem Lärm.

Verschieden von Eurer Zeit war auch unsere Erfahrung von Licht und Dunkel. Ihr lebt in einer Welt, ob in Hamburg oder in La Paz, in der es nie ganz dunkel ist. Sobald es dämmert, machen wir das Licht an, und in der Großstadt muß man nachts die Vorhänge zuziehen, damit einen die Straßenlaternen nicht am Schlafen hindern. Ihr Bolivianer macht gelegentlich in Okola, dem Dorf Eures Vaters am Titicacasee, die Erfahrung, die ich aus meiner Kindheit kenne, daß man im buchstäblichen Sinn in der Dunkelheit der Nacht die Hand nicht vor den Augen sieht. Vielleicht habt Ihr weniger Angst, als wir als Kinder hatten, weil Ihr solche Dunkelheit kaum noch kennt. Dunkelheit ängstigt einen bis tief in die Seele. Darum ist der Wunsch nach Licht in den Psalmen ein Grundwunsch an das Leben. Licht ist eines der häufigsten Symbole Gottes: »Dein Licht sei meines Fußes Leuchte!« heißt es. Oder: »In deinem Licht sehen wir das Licht.« Oder: »Laß leuchten über uns dein Angesicht!«

Wir haben von Euren und meinen Ohren geredet, die andere Geräusche kennen. Wir haben von den Augen geredet, die eine andere Dunkelheit kennen. Man könnte spaßeshalber auch von den Nasen reden, die verschiedenen Gerüchen ausgesetzt waren. Bei uns lebten die Menschen mit den Tieren unter einem Dach, mit den Ziegen, Schweinen oder Kühen. Es muß damals sehr gestunken haben. Die Sauberkeit war wichtig für die Menschen, weil die Gefahr von Krankheiten groß war. So hielt man viel von ihr, und mit Euren dreckigen Hälsen wäret Ihr damals nicht durchgekommen.

Vielleicht ist der größte Unterschied zwischen Eurer Kindheit und meiner die Erfahrung von Zeit. Stellt Euch die Langsamkeit eines von Kühen gezogenen Wagens vor! Stellt Euch vor, wie er durch das Dorf zieht und über die Feldwege. Das war das Symbol jener Welt. Die Leute brauchten lange Zeiten für ihre Wege, und kaum etwas ließ sich rasch erledigen. Für alles brauchten die Menschen Geduld, es war vielleicht die wichtigste Tugend. Nicht nur das Leben war langsam. Die Leute sprachen auch langsam. Ihr sprecht viel rascher, viel geschickter. Ihr sucht viel weniger nach Worten. Sie stehen Euch rascher zur Verfügung, wie Euch überhaupt das Leben schneller zur Verfügung steht. Die Wochentage gingen zwar schnell vorüber, weil die Leute von morgens bis abends gearbeitet hatten. Langsam aber verrann die Zeit der Sonntage und der Festtage. Die Leute hatten nichts anderes gelernt als zu arbeiten. So wußten sie mit der freien Zeit nichts anzufangen. Manchmal wurden sie böse vor Langeweile, und sie haben ihre Kinder geschlagen. Die Leute haben lange Wegstrecken zu Fuß zurückgelegt. Es gab weder Bahn noch Busse in jenem Dorf. Gelegentlich haben sie dabei den Rosenkranz gebetet. Sie waren vielleicht frommer, als wir es sind, aber es war auch eine Art Zeitvertreib.

Man kann sich das andere Verhältnis zur Zeit und zur Geschwindigkeit an folgendem deutlich machen: Einer meiner Großväter ist 1845 geboren. Als größte Geschwin-

digkeit konnte er sich die eines Reitpferdes und später
die Geschwindigkeit der ersten, noch langsamen Züge
vorstellen – das mögen 60 km die Stunde gewesen sein.
Als mein Vater 1896 geboren wurde, gab es immerhin
schon Autos, aber noch keine Flugzeuge. Charlotte ist
erst drei Jahre alt. Aber sie und Ihr alle seid schon geflogen,
und Ihr kennt es, mit mehr als tausend Kilometern Geschwindigkeit durch die Lüfte zu rasen. Ihr lebt also in
Welten, die ich mir als Kind niemals hätte vorstellen können, geschweige denn mein Vater oder mein Großvater.
Auch in anderen Hinsichten ist Eure Welt von unserer
verschieden. Johanna, du bist 9 Jahre, und Deine große
Leidenschaft ist das Tanzen. Ich sehe Dir gerne zu, wenn
Du springst und Dich drehst. Migu, Du spielst Schlagzeug und bist 13. Für uns war mit 9 oder mit 11 Jahren
die Kindheit ziemlich vorüber. Wir gingen zwar noch
zur Schule in diesem Alter, aber hatten nach der Schule
oder auch vorher harte Pflichten. Wir mußten ins Heu,
Kartoffeln hacken, die Ziegen hüten und die Kühe
beim Pflügen führen. Und manchmal waren wir schon
vor der Schule zwei Stunden auf dem Feld. Es gab in
dieser Kindheit wenig Spiel, und wir waren früh erwachsen, weil wir früh die Sorgen und die Arbeiten der
Erwachsenen teilen mußten. Das Leben hatte für alle
wenig Spielräume, nicht für die Erwachsenen und nicht
für die Kinder.
Wenig Spiel gab es auch zwischen den Erwachsenen
und den Kindern. Ich hatte gute Eltern und Großeltern.
Aber wir hätten nie mit ihnen umgehen können, wie
Ihr mit mir umgeht. Charlotte und Samuel erklären mir,
ich müsse ihnen Geschichten erzählen, und sie werden

ärgerlich, wenn ich ihre Befehle nicht sofort ausführe. Johanna sagt gelegentlich zu mir, ich sei ein altes Kamel – ich allerdings auch zu ihr. Das mag nicht die freundlichste Anrede für einen Großvater und für ein Enkelkind sein. Aber es zeigt die Freiheit, in der wir miteinander umgehen. Auch dies war in meiner Kindheit undenkbar.

Eines will ich noch erwähnen, was die Welt meiner Kindheit von der Euren unterscheidet: Meine Welt war religiös. Ich frage jetzt nicht, ob die Menschen darin religiös waren oder nicht. Die Welt war es. Wir lebten in religiösen Landschaften, die Orte hatten ihre religiösen Zeichen: Auf dem Berg stand die Kapelle. An wichtigen Stellen, etwa wo jemand zu Tode gekommen war, stand ein Kreuz. Psalmsprüche waren manchmal auf die Wände der Häuser geschrieben. Die Zeiten waren bezeichnet: Wir haben morgens, abends und zu den Mahlzeiten gebetet. Die Anfänge der Jahreszeiten wurden religiös begangen. Die Häuser wurden gesegnet, das Vieh und der frische Wein. Wir lebten in einer Landschaft aus religiösen Zeichen. Eure Landschaften dagegen sind neutral und unkenntlich geworden. Was Euch zum Glauben verhelfen soll, müßt Ihr selber setzen und erfinden. Die Welt, in der Ihr lebt, lehrt Euch kaum noch den Glauben. Kann man in Eurer Welt besser leben als in der meiner Kindheit? Seid Ihr als Kinder glücklicher, als wir es waren? Natürlich neige ich dazu zu sagen, daß meine Welt die heilere war. Das tun alle alten Leute. Aber um ehrlich zu sein: Ich weiß es nicht. Ihr seid freier, Ihr könnt reisen, und Ihr seid nicht nur an eine Welt gebunden. Ihr habt andere Möglichkeiten, in Eurer Welt zu spielen, und Ihr seid nicht in die bitteren Notwendigkeiten gezwungen, die eine Überlebenswelt mit sich bringt. Ihr seid unabhängiger vom natürlichen Gang der Dinge. Ihr seid weniger vom Wetter abhängig, weniger von großen Entfernungen, weniger von den Jahreszeiten und weniger von Tag und Nacht.

Vielleicht waren wir heimischer in unserer Welt, gerade weil diese enge Grenzen hatte. Wir mußten ständig an der Welt arbeiten, in der wir lebten: am Boden, daß er Frucht brachte, an den Werkzeugen, die wir gebrauchten, an der Konservierung der Nahrung und an der Pflege der Tiere. Heimisch wird man erst in einer Welt, die man sich erarbeitet. In einer solchen Welt sind einem die Dinge fast so nahe und vertraut wie die Menschen. Wir kannten darum noch eine alte Krankheit, die fast ganz ausgestorben ist: das Heimweh.

Könnte es sein, daß der Preis Eurer Freiheit und Unabhängigkeit von der Welt, in der Ihr lebt, die Heimatlosigkeit ist? Könnte es sein, daß die Welt Euch darum weniger nah und vertraut ist, weil Ihr weniger an ihr arbeiten müßt? Ich will Euch meine alte Welt nicht zurückwünschen. Sie war nicht nur das Haus, das uns geborgen hat. Sie war auch das Gefängnis, das keinen entließ.

Ich möchte Euch drei Wünsche mitgeben. Der erste: daß Ihr in einer Welt lebt, in der das Brot für alle selbstverständlich ist. Die Menschen werden böse, wenn Ihnen die einfachen Dinge nicht sicher sind: das Brot, das Dach über dem Kopf und der Frieden. Ich wünsche Euch eine Welt, in der Ihr nicht alle Eure Kräfte zum Überleben aufwenden müßt. Ich wünsche Euch eine Welt, in der der Bücherwurm Migu lesen kann, Johanna tanzen,

Samuel seine phantastischen Geschichten erfinden und Charlotte ihre Märchen hören kann. Hoffentlich hinterlassen wir Euch nicht eine Welt, in der Eure Freiheit noch in einem ganz anderen Maße eingeschränkt ist, als es unsere war! Einige Dinge waren bei uns selbstverständlich: die Luft zum Atmen, die Reinheit des Wassers und die Unverdorbenheit des Bodens.

Mein zweiter Wunsch ist, daß Ihr in einer Welt mit Grenzen zu leben vermögt und daß Ihr an ihr arbeiten könnt. Von der Generation Eurer Urgroßeltern bis zu der Eurer Eltern war man dabei, Grenzen zu sprengen und sah man das Glück in der Grenzenlosigkeit des Lebens. Mehr, höher, schneller sollte alles sein und gehen. Ein Allmachtsrausch erfaßte die Seelen Eurer Vorfahren, nachdem sie sich aus der äußeren Enge des Lebens herausgearbeitet hatten. Sie glaubten, alles stände zu ihrer eigenen Verfügung: die Tiere, die Zeiten, die Pflanzen. Sie konnten sich selber nur denken als die Herrscher und die Sieger über das andere Leben. Je mehr uns Gott abhanden kam, um so mehr wollten wir selber unendlich sein. So konnten wir nicht mehr geschwisterlich mit dem Leben umgehen. Nur ein Wesen, das weiß, daß es endlich ist, ist ein geschwisterliches Wesen. Ihr werdet lernen müssen, die zerstörerische Grenzenlosigkeit aufzugeben. Wie wir »höher, schneller und mehr« gesagt haben, so werdet Ihr die Tugend der Bescheidenheit schätzen lernen. Ich meine damit nicht nur, daß Ihr Euch einschränken müßt, weil in unseren Welten so viel verschwendet wurde. Ihr werdet lernen, daß die größere Lebensintensität und Lebenssüße nicht in der Omnipotenz der Welt gegenüber liegt, sondern in der Geschwisterlichkeit mit ihr. Eure

Grenzen werden enger, und darum werdet Ihr vielleicht mehr von der Welt erfahren als alle, die alles von ihr erfahren und benutzen wollten. »Überflüssige Dinge machen das Leben überflüssig«, sagte Pasolini, der große Filmemacher. Man kann den Satz umdrehen: Die Einfachheit des Lebens macht es einleuchtend.

Mein letzter Wunsch für Euer Leben: daß Ihr Christen werdet und bleibt, daß Ihr eine Sprache für Eure Hoffnungen und Wünsche behaltet. Selbst wenn Ihr Euch einmal verabschiedet von dieser Sprache – man weiß es nie! –, so wünsche ich, daß Ihr die Geschichten dieser Tradition gelernt habt, die von der Freiheit und der Würde der Menschen sprechen und vom Geheimnis, dessen Name Gott ist. Ich wünsche, daß Ihr die Schöpfungsgeschichte kennt, die erzählt, daß der Anfang des Lebens gut war; daß Ihr den Propheten Jesaia kennt, der von einem Land singt, in dem die Blinden sehen, die Lahmen tanzen und die stumm Gemachten ihre Sprache wiedergefunden haben. Ihr solltet die Psalmen kennen, die Lieder des Lobes und die großen Schreie nach Trost und Gerechtigkeit. Der Gedanke des Rechts stirbt, wo keine Lieder vom Recht gesungen und keine Geschichten vom Sieg der Gerechtigkeit erzählt werden. Die Freiheit stirbt, wo keiner davon erzählt, daß Menschen aus Sklavenhäusern entronnen sind. Du, Migu, hast Dir zur Konfirmation den Spruch aus der Bergpredigt gewählt: »Selig sind, die hungern und dürsten nach der Gerechtigkeit, denn sie sollen satt werden.« Mit diesem Spruch hast Du Dir selbst ein Gesicht gegeben und Deine Wünsche gekennzeichnet. Du berufst Dich damit auf eine alte Sprache, die schon viele vor Dir gesprochen haben und mit der sich schon viele das Leben herbeigewünscht haben. Man kann leichter sprechen, man kann leichter hoffen und glauben, wenn man in den Fluß dieser alten Sprache steigt, der schon viele getragen hat. Was ist, wenn diese Sprache verlorengeht? Dann haben wir nicht mehr als uns selbst und als unsere eigene Stimme. Man macht sich langfristig mit dieser Sprache, denn man hat mit ihr die Träume und die Wünsche der Toten im Hinterkopf. Wenn es Euch schwerfällt, sie zu sprechen und ihre Hoffnungen zu teilen, dann denkt daran, daß es die Sprache Eurer Eltern ist, Eurer Großeltern, deren Eltern und Großeltern und all der Toten, die vor ihnen waren. Wir kommen mit dieser Sprache von weit her, aus einem fernen Land der Wünsche, Hoffnungen und Träume. Und so seid Ihr nicht allein. Ich schließe diesen Brief mit einem Text, den Heinrich Böll kurz vor seinem Tod für seine Enkeltochter Samay geschrieben hat.

Wir kommen weit her
liebes Kind
und müssen weit gehen
keine Angst
alle sind bei Dir
die vor Dir waren
Deine Mutter, Dein Vater
und alle, die vor ihnen waren
Weit, weit zurück
alle sind bei Dir
keine Angst
wir kommen weit her
und müssen weit gehen
liebes Kind

Regine Hildebrandt wurde am 26. April 1941 in Berlin geboren. Sie studierte Biologie an der Berliner Humboldt-Universität. Anschließend arbeitete sie als Abteilungsleiterin in der Arzneimittelforschung. Von 1978 bis 1990 war sie Bereichsleiterin der Zentralstelle für Diabetes und Stoffwechselkrankheiten in Berlin.

Bekannt wurde Regine Hildebrandt durch ihr Engagement in der Bürgerbewegung »Demokratie Jetzt« und ihre Arbeit als Ministerin für Arbeit und Soziales in der ersten frei gewählten Volkskammer der DDR. Von 1990 bis 1999 war sie Ministerin für Arbeit, Soziales, Gesundheit und Frauen des Landes Brandenburg. Zahlreiche Ehrungen, wie der Wilhelm-Hoegner-Preis und der Gustav-Heinemann-Bürgerpreis honorierten ihr großes soziales Engagement.

Regine Hildebrandt ist verheiratet und hat drei Kinder.

Lieber Franz, liebe Antonia, liebe Cäcilie!

Ich sitze auf der Terrasse unseres Mehrgenerationenhauses kurz vor Einbruch der Dunkelheit. Der Himmel ist blaugrau mit rosa angestrahlten Wolken, der See spiegelglatt. Drei Fledermäuse flattern schon über den Bäumen. Es ist Frieden.

Ihr, meine drei Enkelkinder, schlaft schon behütet. Ihr seid ein Teil der vier Generationen, die auf unserem Familiengrundstück gemeinsam leben. Vor mir liegen die Fotoalben aus der Zeit, in der ich so klein war wie Ihr, und von der Zeit, als Eure Mutter so alt war wie Ihr. Welch enorme Unterschiede zur jetzigen Zeit!

Als ich zwei Jahre alt war (1943) wie Cäcilie jetzt, war Krieg. Wir waren aus Berlins Zentrum, unserem Zuhause, evakuiert worden aufs Land, in den Warthegau. Kurz danach wurden wir ausgebombt. So gut wie alles, was wir besessen hatten, war weg. Auch alle Fotos unserer Familie. Ich habe jetzt nur noch zusammengesuchte Reste aus der Verwandtschaft vor mir.

In Antonias Alter erlebte ich Flucht und Kriegsende, Rückkehr nach Berlin, Noteinquartierung in anderthalb Zimmer, Klo unter der Treppe im Hausflur. Beginn mit nichts. Als ich acht Jahre alt war, wie es Franz jetzt ist, wurde Deutschland durch das Entstehen zweier Staaten, der Bundesrepublik und der DDR, für Jahrzehnte gespalten. Wir waren im Osten. All die frühen Jahre meiner Kindheit waren geprägt durch relative Not, durch Dürftigkeit und Bescheidenheit, wie sie in der Nachkriegszeit allgemein üblich waren, aber zugleich auch durch große Hilfsbereitschaft innerhalb der Familie, des Freundeskreises, starkes Zusammengehörigkeitsgefühl und großer Freude an vielen kleinen Dingen. Improvisation, Phantasie waren gefordert bei den jämmerlichen Verhältnissen, wenn man es sich schön machen wollte. Fastnacht feierte die ganze Familie als »Lumpenball« – und da fiel jedem ein »Kostüm« ein! Und was für eine tolle Freude war es, als unsere Verwandtschaft für uns wieder ein altes Klavier aufgetrieben hatte – Euer Urgroßvater war nämlich Pianist.

Diese Art des Lebens hat mich maßgeblich geprägt: Freude am Kleinen, Teilhabenlassen anderer – und dadurch Zufriedenheit. Das Wirtschaftswunder erreichte uns in Ostberlin und Ostdeutschland nicht. Es ging für uns sehr bescheiden aufwärts.

Als Eure Mutter geboren wurde (1969), stand die Mauer in Berlin schon acht Jahre. Deutschland war nun wirklich so gespalten, daß wir Ostler Westdeutschland und sogar Westberlin nur noch von fern sehen, aber nicht erreichen konnten. Wir lebten weiß Gott nicht in wirtschaftlicher Not, aber in genügsamen Verhältnissen, wie sie die DDR der siebziger Jahre prägten. Improvisation war wieder gefordert, ob beim Wohnungsrenovieren, beim Wasserhahn-Instandhalten, bei der Ausgestaltung von Feiern oder dem Erwerb passender Geschenke – das war stets eine kleine Problembewältigung, die zur Befriedigung und Freude führte, wenn man sie schließlich gepackt hatte. Und wenn die Westpakete mit abgelegten Anziehsachen für Kinder oder Eltern kamen, war Frohsinn angesagt: Es wurde anprobiert und sortiert, die Reste bekam die Bekanntschaft, die sich ebenso freute. Also auch damals wuchsen die Anspruchsbäume nicht in den Himmel.

Und dazu kam, daß der politische Druck uns, unsere Verwandtschaft und unsere Freunde, die allesamt dem System sehr skeptisch gegenüberstanden, zu einer Art kleiner Notgemeinschaft zusammenschweißte. Unsere »Nischen«, zum Beispiel die Berliner Domkantorei, in der fast alle Familienmitglieder und viele unserer Freunde jahrzehntelang mitsangen, gaben uns menschliche, geistliche und künstlerische Heimstatt, Freude und Zufriedenheit – trotz aller widrigen Umstände. Oder vielleicht auch wegen aller widrigen Umstände?

Und da sind wir bei dem springenden Punkt. Ihr, meine Enkelkinder, seid nach der »Wende« geboren, hineingeboren in das wieder geeinte Deutschland – eine tolle Zeit, ein großes Glück! Ihr seid schon in etliche Länder Europas gereist, nach denen wir uns Jahrzehnte gesehnt haben. Ihr bringt mit zwei, drei Jahren Eure Lieblings-CDs zum Klingen, mit acht Jahren sitzt Ihr am Computer und holt Euch jedwede Information oder macht Spiele, wo in meiner Kinderzeit nur Geschichten erzählt und Lieder gesungen wurden, wo Eure Mutter sich an einer Handvoll Schallplatten für Kinder jahrelang erfreut hat – und noch heute freut (zum Beispiel »Die Weihnachtsgans Auguste« oder die »Geschichten-Lieder« von Lakomy). Wir sind eine Konsumgesellschaft mit enormem Anspruchsdenken geworden. Und wir brauchen das »richtige Maß« dafür!

Ich wünsche Euch ganz viel Gutes. Aber gerade deswegen wäre es mir manchmal lieber, die vielen, vielen Angebote wären beschränkter, die »Versuchung« hielte sich in Grenzen. Denn das richtige Maß zu finden, ist offenbar schwer. Durch die Wende, scheint mir, sind wir Ostler von einem Extrem ins andere gefallen und haben eben das richtige Maß, das wir brauchen, wieder verfehlt.

Ein Beispiel: Wir wollten die Freiheit des Wortes, die Meinungsäußerung, weil in der DDR jeder kritische Ansatz unmöglich war. Jetzt kann jeder so gut wie alles sagen – auch das übelste Zeug oder den größten Mist. Das ist sein Recht. Für mich wird die gewünschte »Freiheit des Wortes« damit geradezu ins Gegenteil verkehrt. Und so geschieht es in vielen Bereichen unserer Gesellschaft. Ja, liebe Enkelkinder, manchmal denke ich schon so wie Eure Urgroßmutter kurz vor ihrem Tode: »Es ist gut, daß ich mein Leben in dieser Zeit nicht mehr vor mir habe ...« Ich weiß, das ist keine optimistische Botschaft. (Ich denke es ja auch nur manchmal.) Und eigentlich müßten wir nach fünfzig Jahren Demokratie ohne Krieg in Deutschland – und insbesondere wir Ostdeutschen nach zehn Jahren freiheitlicher Gesellschaft in der Bundesrepublik – hoch zufrieden sein, noch dazu am Anfang des neuen Jahrtausends im sich vereinigenden Europa. Alles richtig – trotzdem habe ich wegen des Verlustes des richtigen Maßes große Bedenken. Wie kann man da helfen in dieser Zeit? Als erstes kommt das bewährte, erprobte Rezept aus DDR-Zeiten: Tue, was du für richtig hältst, in deiner Familie, deinem Freundeskreis, deinem Kollegenkreis. Lebe das richtige Maß vor! Als evangelische Christen hatten wir damals in der DDR durch unsere Gemeinden und durch unsere Kirche den festen Grund für dieses richtige Maß. Ich wünschte es mir auch für Euer Leben!

Wie übt man die bescheidenere, nicht so auf Anspruchsbefriedigung und Spaß orientierte, verantwortungsbewußtere Lebensart ein? Ganz schlicht erst mal in der Familie, im engeren Umfeld. Ein Mehrgenerationenhaus, wie wir es jetzt haben, ist dazu sehr gut geeignet. Und wenn wir alle gemeinsam im Sommer wieder nach Rumänien zu unseren Verwandten fahren, wird aus eigenem Erleben und eigener Anschauung ganz selbstverständlich deutlich, daß sich mit wesentlich weniger »Ausstattung« auch ein erfülltes Leben führen läßt.

Und jetzt schreibt mal Eure Politik-Oma: Für unsere Gesellschaft hier brauchen wir zum Einüben günstigere Rahmenbedingungen. Es wäre schön, wenn es uns besser als bisher gelänge, aus unseren Städten und Dörfern »integrierte Sozialgemeinden« zu machen. Was meine ich damit? Ärmere und Reichere, Behinderte und Gesunde, Alte und Junge, Benachteiligte und Bevorzugte leben dicht zusammen, und die Kinder lernen schon im Kindergarten, selbstverständlich miteinander auszukommen, natürlich sich auch auseinander zu setzen – aber sich eben auch gegenseitig zu helfen. Und sie lernen verantwortlich zu handeln! Wenn uns das im Kleinen gelingt, ist mir auch um das Ausstrahlen, das Weitergeben dieser wichtigen Erfahrung nicht bange – zum Beispiel nach Rumänien, zum Beispiel nach Osteuropa. Und da sind wir dann schon beim Ausbau einer starken Europäischen Union, die Ihr unbedingt braucht, um sicher im neuen Jahrhundert leben zu können.

Nun ist es völlig dunkel geworden bei uns am See. Jetzt schlafen nicht nur die Jüngsten, sondern auch die Alten. Und friedlich ist es immer noch. Hoffentlich noch sehr lange – auch für Euch, meine Enkel.

Jörg Zink wurde am 22. November 1922 in Elm geboren. Im Zweiten Weltkrieg war er Soldat bei der Luftwaffe. Nach 1945 studierte er Philosophie und Theologie in Tübingen. Im Anschluß an sein Vikariat lehrte Jörg Zink am Evangelischen Stift in Tübingen. Danach arbeitete er als Gemeinde- und Jugendpfarrer in Eßlingen. Von 1957 bis 1961 stand er der Zentrale der evangelischen weiblichen Jugend in Deutschland vor. Anschließend arbeitete er bis 1980 als Beauftragter für Fernsehfragen der Evangelischen Landeskirche in Württemberg. In dieser Zeit veröffentlichte er ca. 40 Bücher, vorrangig zu religiösen Themen. Seit 1970 unternahm Jörg Zink mehrere Reisen in den Nahen Osten und produzierte Filme über die Religionsgeschichte und Kultur verschiedener Länder. Seit 1980 arbeitet er als freier Publizist. Jörg Zink ist verheiratet und hat vier Kinder.

Liebe Janina, lieber Julian, lieber Christoph und lieber Benjamin,

einen Brief soll ich Euch schreiben. Das habe ich bisher selten getan. Wenn wir einander etwas erzählen wollen, dann horchen wir ins Telefon. Und wenn Ihr für Eure Großmutter oder für mich ein Bild malt, dann steckt Ihr es in ein Faxgerät. Zehn Sekunden später haben wir es in der Hand und schauen es uns an. Und wenn wir einander besuchen, dann brauchen wir erst recht keine Briefe.
Aber nun meinen einige Leute vom Rundfunk, ich soll an meine Enkel einen Brief schreiben. Ich solle aufschreiben, was mir im Lauf meines Lebens wichtig war und mit was für Gedanken ich an Euch denke und was mir für Euch wichtig scheint. Und es ist ihnen ernst damit. Manches, sagen sie, sollte man doch auch schriftlich sagen, damit man es in zehn oder in dreißig Jahren wieder in die Hand nehmen kann und nachlesen und dabei feststellen, was sich davon bewährt hat. Ich soll also, was ich Euch für Euren Weg auf dieser Erde wünsche, aufschreiben und dann im Rundfunk vorlesen, für andere Großväter und andere Enkel.
Aber was ich jetzt sagen will, das sage ich nicht, weil ich klüger wäre als Ihr. Ich habe nur ein Weilchen länger gelebt und weiß manches, was Ihr in zwanzig oder dreißig Jahren auch wißt. Ich bin an vielen Ecken vorbeigekommen, an denen ich nicht recht wußte, was ich tun sollte, und oft wußte ich es erst hinterher. Aber so ist das eben: Manches weiß man erst hinterher.
Ich bin viel herumgekommen und habe immer wieder probiert, ob es irgendwo einen Fußboden gibt, der nicht

einbricht, wenn man darauf steht, ob es irgendwo etwas gibt, das nicht abgeht, wenn man daran dreht oder daran rüttelt. Und von dem, was nicht bricht, wenn man es prüft, will ich Euch ein Weniges sagen.

Natürlich kann man Erfahrungen nicht vererben wie man ein Haus vererbt, aber man kann seine kleinen Erfahrungen zu den wichtigen Erfahrungen legen, die die Menschheit seit der Steinzeit gemacht hat, und wenn einer sich für sie interessiert, kann man sie ihm auch in die Hand geben.

Ich muß also von der Welt reden, in die Ihr hineinwachsen sollt, aber auch von Euch selbst und was Ihr mit Euch anfangen könnt, von Eurem Glück, das mir sehr am Herzen liegt, und dann, am Schluß, noch von einer sehr wichtigen Sache.

Also zuerst: Eure künftige Welt. Ich muß gestehen, daß ich mit Sorgen in die Zukunft sehe. Die Welt, in der Ihr leben werdet, wird natürlich weder der Himmel auf Erden noch auch eine Hölle sein, aber die Gefahren, die den Menschen und der Erde drohen, werden schlimmer und zerstörender sein, als sie es je gewesen sind.

Was wird die Menschheit in den nächsten dreißig Jahren an der Schönheit und Fruchtbarkeit der Erde ruiniert haben? Wieviele Kriege mit was für Waffen werden bis dahin über die Länder hinweggrasen? Wieviel neues und schweres Unrecht wird die Schwachen unter den Völkern treffen? Wie und wovon werden die immer mehr werdenden Menschen sich ernähren? Die große Frage wird sein: Wie muß ein Mensch aussehen, der heilend wirkt auf die Erde, der befriedend wirkt in einer

Welt der Kriege? Der fähig ist, ein wenig Gerechtigkeit zu schaffen dort, wo er lebt? Und wie muß der Mensch aussehen, der das Maß kennt, nachdem rund um die Erde verteilt werden kann, was die Menschen brauchen? Vielleicht ist das Wichtigste davon der Kampf um die Gerechtigkeit.

Gerechtigkeit ist ein Traum, ich weiß, aber es ist einer der wenigen Träume, für dessen Verwirklichung es sich lohnt zu leben. Und daß durch Euch ein wenig Gerechtigkeit entsteht – auf welcher Ebene immer –, ist wichtiger, als daß Ihr ein Rieseneinkommen einstreicht. Daß durch Euch ein wenig Frieden entsteht, vor allem in Eurer unmittelbaren Nähe, ist wichtiger, als daß Ihr Eure Interessen durchsetzt. Und daß Ihr der Erde und ihren Elementen wohltut, ist wichtiger, als daß Ihr alles verbraucht, was man Euch anbietet. Und daß Ihr irgendeinen Menschen und sein Lebensrecht schätzt, ist wichtiger, als daß Ihr selbst um Eure Rechte kämpft.

Die Welt, in die Ihr hineinwachsen sollt, wird von Eurem Geist und von Eurer Verantwortungskraft viel brauchen. Eure ganze Phantasie und alle Eure Einfälle. Sie sind in Euch allen. Ihr müßt sie nur wecken. Ihr müßt ihnen etwas zutrauen, dann wachsen sie. Und wenn es Euch damit ernst ist, daß Ihr in dieser Welt etwas bewegt, dann könnt Ihr wissen: Diese Welt braucht es, daß Ihr da seid.

Nun gibt es aber zwei Welten. Die äußere, die Ihr rund um Euch seht. Und die innere, die in Eurem Kopf, in Eurer Seele, in Eurem Herzen ist. Und diese beiden dürft Ihr nie verwechseln. Denn die innere Welt ist für Euch selbst wichtig. Ihr tragt sie mit Euch, bis Ihr achtzig oder hundert Jahre alt seid. Und was in ihr geschieht, daran entscheidet sich, ob das Glück Euch finden kann und ob Eurer Leben seinen Sinn zeigt.

Was Ihr also am sorgfältigsten schützen müßt, das seid Ihr selbst, Du Janina, Du Christoph, Du Julian und Du, kleiner Benjamin. Und das sieht so aus, daß Ihr Euch unablässig fragt: Stimmt, was ich jetzt denke, was ich jetzt tue, was ich mir jetzt vornehme, wirklich mit mir überein?

Ihr werdet erleben, daß es immer mehr Kräfte gibt, die an Euch ziehen oder schieben wollen, und sie werden allgegenwärtig sein. Eure Welt wird immer unübersichtlicher werden, nicht nur durch eine immer größer werdende Meinungsvielfalt, sondern auch mit allen virtuellen Dimensionen einer ausufernden Informationstechnik, und immer mehr wird daran liegen, daß Ihr wißt, wo Ihr Eure eigene Mitte habt. Wer Ihr seid und wie Ihr leben könnt, ist Eure eigene Sache. Niemand kann glücklich sein und mit sich selbst einverstanden, der einen anderen als seinen eigenen Weg geht. Bleibt bei Euch selbst!

Das gilt auch noch anders: Wichtig ist für Euch nicht so sehr, ob Ihr immer schneller um den Erdball hüpfen könnt, sondern daß Ihr wißt, wo Euer Platz ist. Soll ich sagen, wo Ihr zu Hause seid? Dort, meine ich, wo ein paar Bäume stehen, die Euch kennen, oder wo ein kleines Stück Erde sich von Euch freundlich behandelt fühlt. Und wo zwei oder drei Menschen sind, die wirklich zu Euch gehören.

Und noch eins: Ich habe ein langes Leben in der Publizistik zugebracht, in allen Medien, die wir im vergangenen Jahrhundert hatten. Und ich habe gefunden, daß es für die Zuhörer und die Zuschauer immer schwerer geworden ist, zu trennen zwischen Wahrheit und Lüge, zwischen Wahrheit und Irrtum, zwischen Wahrheit und Irreführung. In Zukunft wird das immer schwieriger werden.

Ihr werdet eine Art von Witterung brauchen, wie ein Wildtier sie hat, eine Witterung für das, was stimmig ist und was nicht, und sie wird eines Eurer wichtigsten Sinnesorgane sein. Denn Wahrheit und Halbwahrheit, halbe und ganze Lüge haben sich schon während meiner Lebenszeit so unerhört vermischt, daß die Wahrheit kaum mehr kenntlich ist.

Hört also nie auf, zum Beispiel Euren Zeitungen zu mißtrauen, nicht nur denen von der anderen Partei, sondern auch Eurer eigenen.

Und wenn Ihr Vorbilder sucht, deren Art zu leben oder zu denken Euch überzeugt, dann folgt ihnen nachdenklich, und laßt Euch immer nur ein Stück weit von ihrem Bild formen. Ihr seid reich genug in Euch selbst. Ihr braucht keine Nachahmer zu werden. Und wichtig ist bei Euren Vorbildern nicht, daß es Helden, sondern daß es Menschen sind.

Ein letztes: Scheut Euch nie vor harter Arbeit. Auch wer eine hohe musikalische Begabung mitbringt, muß arbeiten, hart und ausdauernd, wenn er ein Künstler werden will. Wenn er es aber geworden ist, dann weiß er, daß es nicht von seiner Arbeit allein kommt, sondern wie ein großes Geschenk.

Das scheint ein Widerspruch zu sein. In Wahrheit geht es gut zusammen. Wir Christen sagen: Daß ein Leben gelingt, ist am Ende immer das Werk einer großen Güte.

Und wenn Ihr jetzt noch einmal überlegt, wie ein Mensch aussehen muß, der in der Zukunft klärend und helfend in der Welt wirken will, dann könnt Ihr zu ein paar Regeln kommen, die zunächst merkwürdig klingen, aus denen aber die Erfahrung von Jahrtausenden spricht.

Zum Beispiel: Scheut Euch nicht, den Kürzeren zu ziehen. Das ist der Weg zur Gerechtigkeit.

Laßt Euch etwas entgehen. Das ist der Weg zur Rettung der Erde.

Ihr braucht nie und nirgends über einen anderen Menschen zu siegen. Das ist der Weg zum Frieden.

Ich habe gesagt, Ihr sollt Euch wichtig sein. Aber immer noch wichtiger als Ihr selbst ist das, was durch Euch geschieht.

Wenn ich so an Euch vier denke, dann wünsche ich Euch, daß Ihr glücklich werdet. Und das wünsche ich Euch nicht nur, weil es schön und erfüllend für Euch selbst ist, sondern deshalb, weil Glück etwas ist, das sich überträgt. Der Sinn des Glücks liegt auch darin, daß es übergreift auf die, welche es vermissen, die im Dunkeln sind. Die stärkste Kraft auf dem Weg zum Glück ist die Liebe. Ich könnte auch sagen: Nur das Glück, das dadurch eintritt, daß Ihr jemanden oder etwas wirklich liebt, verdient diesen Namen.

Mir hat sich da etwas sehr Altmodisches bewährt. Ich habe mit Eurer Großmutter nun mehr als fünfzig Jahre glücklich und in Frieden zusammengelebt. Was wir planten, haben wir miteinander geplant. Was wir dachten, dachten wir gemeinsam. Und was schwer war, haben wir miteinander getragen. Wir haben uns so genommen, wie wir waren, und haben uns nicht anders gewünscht. Natürlich kann niemand alles erfüllen, was von ihm erwartet werden kann, und manchmal haben wir auch auf irgend etwas verzichtet, was uns ein anderer oder eine andere vielleicht hätte besser geben können. Aber es war schön von unserer brausenden Begeisterung in jungen Jahren über das Glück mit unseren kleinen Kindern, über lange Jahre der Mühe und der Arbeit bis zu dem Frieden, in dem wir heute leben, und wir sehen dankbar auf ein reiches Leben zurück.

Nun sind wir alt und müssen jeden Tag damit rechnen, daß eins krank wird oder stirbt, daß der eine den anderen zu pflegen hat oder ihm nachtrauern wird. Und auch dabei wird uns unser langes gemeinsames Leben helfen. Denn das Glück steht und fällt am Ende mit der Verläßlichkeit, der eigenen und der des anderen.

Ihr werdet, wie ich Euch wünsche, eines Tages den Menschen finden, von dem alles in Euch sagen wird: Der ist es! Oder: Die ist es! Mit dem oder der will ich mein Leben verbringen. Wenn Euch das geschieht, dann seid Ihr dabei, das einzige wirklich große Wagnis einzugehen, welches das Leben hat. Dann setzt Ihr Euer ganzes Leben ein. Und es kommt von da an alles darauf an, diesem einen Entschluß treu zu bleiben, diesem einen Ja, das Ihr sprecht.

Denn das Glück wächst langsam, und es ist nicht billig zu haben. Das wichtigste Glück aber ist am Ende, daß man mit dem geliebten Menschen alt werden darf, mit dem Menschen, auf den dann fünfzig oder mehr Jahre Verlaß war.

Da fällt mir noch etwas ein: etwas, das Eure Eltern betrifft. Es kann sein, daß Ihr eines Tages findet, sie seien doch sehr rückständig, kleinlich und uneinsichtig. Aber das ist nicht weiter tragisch.

Ihr werdet eines Tages selbst auch zu den Rückständigen und »geistig Behinderten« gehören, sobald Ihr Kinder habt, die Euch das vorhalten, wenn sie anfangen, sich auf eigene Füße zu stellen. Aber Ihr braucht Eure Eltern ja nicht nachzuahmen und könnt sie lieb behalten, auch wenn Ihr ganz andere Wege geht als sie.

Und eins will ich noch anfügen, das mir wichtig ist. Es kommt heute auf vielen Gebieten sehr darauf an, daß es Menschen gibt, die ihren Blick nicht einengen auf das Sichtbare und Machbare. Daß man sich darauf beschränkte und alles von seinem kleinen menschlichen Verstand erwartete, das war ein Merkmal des Jahrhunderts, das vergangen ist.

Ich wünsche Euch eine große Offenheit Eurer Sinne und Gedanken. Haltet Euch offen für die Möglichkeit, daß die Welt größer und vielschichtiger ist als wir Menschen sehen und verstehen. Daß sie vielleicht unendliche Dimensionen hat, die wir mit unseren sparsamen geistigen Mitteln nicht ergründen, ja, von denen wir nicht den Schatten einer Ahnung haben.

Verlaßt Euch nie nur auf den bloßen Verstand. Er ist Euch gegeben, damit Ihr in dieser Welt zurechtkommt, aber er erfaßt nie das Ganze. Der englische Satiriker Chesterton hat gesagt: »Ein Verrückter ist nicht ein Mensch, der seinen Verstand verloren hat, sondern einer, der alle seine Kräfte verloren hat, außer seinem Verstand.«

Ihr seid immer reicher, als Euer Verstand versteht. Haltet Euch also auch offen für die Möglichkeit, daß dieses Leben mit seinen, sagen wir, achtzig Jahren nicht abgeschlossen ist, sondern daß es auf irgendeine Weise weitergeht.

An dieser Stelle kann ich eigentlich kaum von Euch reden, sondern nur noch von mir. Und ich kann nur sagen, was ich gefunden habe. Ich sage: Jedes Ding und jedes Ereignis auf dieser Erde weist über sich hinaus. Alles, was wir sehen und verstehen, vergeht.

Wichtig ist, was bleibt. Schaut also über alles andere hinaus auf das, was bleibt. Denn die Welt ist voller Geheimnisse und Wunder, die uns wunderbar scheinen, weil wir die Kräfte nicht kennen, die sie bewegen, und die Wege nicht, auf denen sie zu uns kommen. Und es ist für uns und für die Menschen, die um uns her sind, wichtig, daß wir mit solchen Kräften und solchen Wegen rechnen.

Es gibt Leute, die sagen, sie glaubten nur, was sie sähen. Die Armen. Wer nicht mehr glauben will, als er sieht, kann eigentlich das Leben eines Menschen nicht führen.

Überall, wo es im Leben wichtig wird, hören die Beweise auf. Wenn Euch jemand liebt, müßt Ihr es ihm glauben. Es gibt keine Liebesbeweise. Wenn Ihr jemand vertrauen wollt, dann müßt Ihr ihm eine Menge glauben, denn niemand kann beweisen, daß er Vertrauen verdient. Wer nichts glauben will, kann keine Pläne schmieden, denn er weiß nicht, was die Zukunft bringt.

Hundert Vorgänge jeden Tag verlangen, daß wir glauben,

sonst können wir mit keinem Menschen zusammenleben. Aber glauben heißt nicht, seinen Verstand an der Garderobe abzugeben. Es heißt vertrauen, auch wo man nichts sieht. Wer glaubt, ist sich seiner Sache gewiß, auch wenn er keine Beweise hat. Er hat einen festen Boden unter den Füßen, auch wenn ihm aller Erfolg davonschwimmt.

Ihr könnt festhalten: Wenn jemand sagt, er komme ohne Religion aus, dann hat er vermutlich eine Religion, ohne die man auskommen kann.

Mich hat ein langes Leben gelehrt: Wer sich offen hält dafür, daß es eine Macht gibt, die um ihn her und in ihm selbst ist und die wir, wenn wir wollen, Gott nennen können, der weiß besser, wo er zu Hause ist. Er braucht nichts zu sein, was er nicht ist. Er braucht nichts darzustellen, was er nicht mit seinem ganzen Wesen abdeckt. Er braucht nichts zu leisten, was er nicht kann. Er lebt im Frieden.

Und wer festhält, daß dieses Leben nicht das Ganze ist, daß er also nur für kurze Zeit in diese Welt eingetaucht ist und sein Weg danach weiterführt, der weiß, daß er, was immer ihm geschieht, unbedroht ist. Der kann es wagen, es mit der Zukunft aufzunehmen, und er darf wissen, daß nichts wichtiger ist, als daß er liebt und daß keine Tat und kein Zeichen der Liebe jemals verloren sind.

Ich selbst habe versucht, das Leben eines Christen zu führen, soweit mir das gelungen ist; aber Euren eigenen Weg müßt Ihr selbst finden, und wichtig ist danach vor allem, daß Ihr ihn wirklich geht. Ich wünsche Euch, daß Ihr festen Grund unter Euren Füßen findet.

Möge Gott Euch behüten.

Möge er Euch leiten.

Möge er Euch segnen.

Das vor allem ist der Wunsch, den Eure Großmutter und ich für Euch haben.

Lebt wohl!

Joachim Gauck wurde 1940 in Rostock geboren. Er studierte Theologie und arbeitete im Anschluß daran als Pfarrer in Lüssow bei Güstrow, später im Neubaugebiet Rostock-Evershagen.

1989 gehörte Joachim Gauck zu den Mitbegründern des »Neuen Forums« in seiner Heimatstadt. Dort war er Mitinitiator des kirchlichen und öffentlichen Widerstandes gegen die SED-Diktatur. Im März 1990 zog er als Abgeordneter der Bürgerbewegung in die Volkskammer ein und wurde zum Vorsitzenden des Parlamentarischen Sonderausschusses zur Kontrolle der Auflösung des Ministeriums für Staatssicherheit gewählt. Im Oktober 1990 wurde er zum »Sonderbeauftragten der Bundesregierung für die personenbezogenen Unterlagen des ehemaligen Staatssicherheitsdienstes« berufen und hatte dieses Amt bis 1999 inne.

Liebe Josefine!

Als ich Dich kürzlich gesehen habe, ist mir etwas aufge-
fallen. Es war ein Blick, ein Gesichtsausdruck, der weder
zu dem schönen Sommertag paßte, noch zu Deinem
Alter. Eben noch voller Lachen – Dein Blick – jetzt ganz
erwachsen. Aber nicht groß und stark und stolz – sondern
verwirrt und unruhig, sah ich Angst?
Ich hoffe, daß ich mich irre. Aber wenn ich mich nicht
irre, wenn Du zu der großen Zahl der Kinder und
Jugendlichen gehörst, denen zu früh zu große Probleme
in die Seele gerieten oder wenn Dir mit 13 Jahren angst
und bange wird, weil Du an der Schwelle zum Er-
wachsenenalter stehst, dann weiß ich, warum gerade Du
die Adressatin meines Briefes an ein Enkelkind bist, in
dem das Jahr 1989, mein und Dein Leben und der Glaube
vorkommen sollen. Ich fange mit 1989 an. Jetzt erinnern
uns Fernsehen, Zeitungen und Radio ja immerzu an
den Fall der Mauer am 9. November und die anderen
spannenden Ereignisse dieser Zeit. Als all das geschah,
warst Du drei Jahre alt. Anders als Deine große Schwester
kannst Du Dich nicht daran erinnern. Vielleicht wun-
derst Du Dich auch, wenn Deine Eltern immer wieder
hingucken, wenn diese Bilder im Fernsehen kommen.
Und manchmal hast Du dabei vielleicht sogar Tränen in
den Erwachsenenaugen gesehen. Du warst damals schon
in Hamburg. Aber geboren bist Du wie ich, wie Deine
Mutter und Dein Vater, in Rostock.
Dort hat Dein Vater 1989 gefehlt, als Dein Großvater
zusammen mit vielen unbekannten Menschen so etwas
wie eine Revolution gemacht hat. Und warum fehlte

Dein Vater bei uns? Weil er und Deine Mutter zu den vielen DDR-Bürgern zählten, die raus wollten aus der DDR. Sie hielten es nicht aus ohne Freiheit. Vater war als Schüler nicht bei den Thälmann-Pionieren gewesen und nicht in der FDJ. So durfte er kein Abitur machen und konnte nicht studieren. Immer wieder hat er es versucht. Er wollte ja so gern Arzt werden. Aber sie ließen ihn nicht. Ebensowenig wie Deinen Onkel. Irgendwann war die Geduld Deines Vaters und seines Bruders am Ende. Sie stellten einen »Ausreiseantrag«, um in den Westen zu kommen. Viereinhalb Jahre mußten sie warten, endlich kamt Ihr in den Westen, wo Papa studieren konnte und Ihr seither lebt. Viele, Tausende, besonders junge Menschen gingen diesen Weg, auch viele Ältere ließen zurück, was sie sich unter Mühen geschaffen hatten. Es galt Ihnen nichts mehr, nicht die Heimat, das Haus, Freunde und Kollegen. Sie wollten weg. Sie wollten die Freiheit. Sie wollten weg aus einem Land, wo man aus Angst schweigen, lügen, sich ducken lernte, wo Parteiführer herrschten wie böse Könige in finsteren Zeiten.

Wer damals wegging, brauchte viel Mut. Man fiel auf, wurde wie ein Feind behandelt, man verlor vielfach seine Arbeit oder wurde degradiert. Von den Behörden wurde man schikaniert. Aber weil die Weggehenden eine neue Hoffnung hatten, ertrugen sie das alles. Aber nie gehen alle weg. Auch 1989 nicht. Deine Großeltern zum Beispiel blieben auch da. Auch, als massenhaft junge Leute in die Botschaften in Prag und Budapest gingen, um von dort in den Westen zu kommen.

Damals ließ Honecker in seine Zeitungen schreiben: »Denen weinen wir keine Träne nach.«

Aber die Menschen hier fühlten anderes. Sie waren traurig und wütend. Traurig, weil so viele Familien, Freundschaften und Beziehungen auseinanderbrachen, und wütend über die Parteiherrscher, die so uneinsichtig waren und nichts verändern wollten. Und weil es so viele waren, wurde die Angst ein wenig kleiner.

Trotz aller Angst, die immer noch da war, haben die Menschen dann angefangen, gegen die Regierung zu protestieren. In Sachsen, in Berlin, schließlich auch bei uns in Rostock. Aber Du kannst Dir nicht vorstellen, wie schwierig es war, die Menschen zu ermutigen, auf die Straße zu gehen und zu protestieren. Nicht mehr, als der Bann gebrochen war und in Leipzig am 9. Oktober Tausende demonstrierten, ohne daß die Polizei schoß. Aber davor.

Weißt Du, wer vom Kindergarten an immer dazu erzogen wird zu gehorchen, wer seine eigene Meinung und seine Überzeugung nicht frei vertreten kann, für den werden Angst und Anpassung normal, er glaubt weder an seine Kraft noch an eine Veränderung.

Was ich Dir erzählen will, liegt vor den Bildern der Freude vom 9. November 1989. Daß nämlich überall im Land die Menschen trotz ihrer Angst auf die Straße gingen. Sie hatten endlich etwas dagegenzusetzen: Ihre Hoffnung auf Veränderung und ihre Fähigkeit, gemeinsam etwas zu tun und sich beizustehen.

Und auffallend viele der Aktiven, die andere ermutigten und vorangingen, waren Christen, Mitarbeiter der Kirchen und Menschen aus Gemeinden. Die Kirchen waren damals Zentren von Aufbruch, Aufstreben und Veränderung. Es war so, daß wir damals spürten, daß ganz alte

Erzählungen und Menschenerfahrungen aus der Bibel ganz aktuelle Bezüge bekamen.

Aus dem Alten Testament war die Geschichte vom Auszug des Volkes Israel aus der Sklaverei in Ägypten eine Ermutigung oder die Prophetenworte gegen ungerechte Herrscher. Aus dem Neuen Testament konnte es die Geschichte der wunderbaren Heilung eines Gelähmten sein. »Steh auf, nimm dein Bett und geh«, sagte Jesus zu einem, der nie auf eigenen Füßen gestanden hatte. Und er glaubt – und er steht auf.

Oder ein Satz aus dem Johannes-Evangelium machte sich selbständig und gab denen, die ihn hörten, ein Signal, das sie nicht überhören konnten: »Ihr werdet die Wahrheit erkennen, und die Wahrheit wird euch frei machen.«

Und später lernten andere aus der Bibel oder von engagierten Menschen, daß die Freiheit uns nicht nur löst von Bindungen und uns aufbrechen läßt. Sie gibt dem, der sie ernst nimmt, auch eine Aufgabe: Ich bin wichtig, ich kann Verantwortung übernehmen. Ich muß mich kümmern um die neue, die freie Gesellschaft: wie soll sie aussehen, welche Werte sollen gelten, welche Ordnung und wer tut was. Einige lernen es automatisch, einige nur unter Mühen: Freiheit ist auch eine Freiheit zu etwas (»Es gibt nichts Gutes, außer man tut es«, so Erich Kästner vor vielen Jahren). Wir erleben ja nur zu oft, daß sich zu wenige engagieren, wirklich etwas tun wollen.

Liebe Josefine, das wollte ich Dir und anderen Enkelkindern erzählen von dem kurzen Zeitraum 1989, als der Mut noch klein und die Angst groß war.

Es ist ein großes Geheimnis, daß, wenn wir selber verzagt sind, oft Menschen da sind, die einen stabileren Grund unter den Füßen haben oder einen Kern in sich, dem sie trauen. Die Menschen, denen ich nachlebe, hatten ihn aus ihrem Glauben. Sie vertrauten darauf, daß dieses Bibelwort stimmt: »Fürchte dich nicht, denn ich habe dich erlöst. Ich habe dich bei deinem Namen gerufen. Du bist mein.«

Der Prophet Jesaja hat diese Worte seinen Zeitgenossen als Worte Gottes gesagt. Unfreiheit und Ungerechtigkeit waren damals und sind immer wieder so groß, daß sie als »normal« gelten mußten. Fast könnten wir sagen: Es gibt eine Normalität der Angst. Keine schöne Erkenntnis. Aber Du weißt aus der Geschichte, daß in der Politik, und Du weißt aus dem Leben, daß mitten unter uns auch heute Menschen Angst haben und daß sie offenbar nicht anders können, als anderen Angst zu machen.

Und dann zu hören, zu glauben, sich darauf zu verlassen, daß wir ganz zuletzt, vielleicht ganz am Ende (oder auch ganz plötzlich) nicht mehr unserer Angst gehören, sondern Gott, daß eine stärkere Liebe existiert als die, die wir Menschen zustande bringen, das, Josefine, läßt manche Menschen Hoffnung finden, wenn andere aufgeben. Es läßt sie Schritte machen, wenn andere schon liegengeblieben sind. Wir können Angst nicht aus der Welt vertreiben. Aber Gott und Menschen sei Dank – sie bleibt nicht unsere Herrin. Das wollte ich Dir heute sagen, liebe Josefine. Und wahrscheinlich sage ich es auch mir selber noch einmal.

Weit wird das Land, wenn Menschen das glauben, und ruhig unser ängstliches Herz.

Das meint, darauf hofft und das glaubt

Dein Großvater

Otto Graf Lambsdorff wurde am 20. Dezember 1926 in Aachen geboren. Nach seiner Schulausbildung mußte er als Soldat an die Front und kam in Kriegsgefangenschaft. Nach seiner Rückkehr studierte er Rechts- und Staatswissenschaften an den Universitäten Bonn und Köln. Im Anschluß daran war er im Bank- und Versicherungsgewerbe tätig. Seit 1951 ist Otto Graf Lambsdorff Mitglied der FDP. Von den zahlreichen Ämtern, die er in der Folge ausübte, seien stellvertretend das Amt des Bundesvorsitzenden der FDP (1988-1993), das Amt des Wirtschaftspolitischen Sprechers seiner Partei im Bundestag (1972-1997) und des Bundesministers für Wirtschaft (1977-1984) genannt.

Otto Graf Lambsdorff ist verheiratet und hat drei Kinder.

Lieber Jakob, liebe Elisa,

erinnert Ihr Euch noch an das Lied »Christ ist erstan-
den«? Für Elisa mit ihren vier Jahren ist das wohl etwas
zuviel verlangt. Für den 12jährigen Jakob vielleicht nicht.
Wir haben es am Ostersonntag in der Erlöserkirche in
Jerusalem gesungen.

Ich erinnere Euch daran, nicht wegen unserer schönen
gemeinsamen Reise in das Land des Lebens und Sterbens
Jesu Christi. Ich tue es vor allem, weil für mich, Euren
Großvater, Ostern mit der Auferstehung Jesu von den
Toten die große Hoffnung, mehr noch, die Gewißheit
dafür ist, daß der Tod auf Erden nicht das Letzte ist, sondern daß unser Leben auf der Erde die Durchgangs-
station zum ewigen Leben ist.

Die östlichen Kirchen feiern ja Ostern als den höchsten
christlichen Feiertag. Unsere Evangelische Kirche tut
das mit dem Karfreitag, dem Tag des Todes Jesu Christi
am Kreuz auf Golgatha.

Ihr wart auch dort und in der Grabeskirche. Wart Ihr
auch am Gartengrab, diesem besonders schönen Ort?
Ich weiß es nicht mehr.

Eins ist klar. Es gibt keine Auferstehung ohne den Tod.
Es gibt kein Ostern ohne Karfreitag.

Man hat mir erzählt, daß der große evangelische Theo-
loge Karl Barth häufig am Karfreitag eine Osterpredigt
und Ostern eine Karfreitagspredigt gehalten hatte, damit
der Zusammenhang ganz deutlich wurde.

Ihr werdet eines Tages fragen, wie kann das sein? Auferstehung von den Toten? Und Ihr werdet versuchen,
das zu verstehen. Elisa fragt mit ihren vier Jahren nach

jedem zweiten Satz »Warum?« – »Warum dies, warum das?« Sie will verstehen.

Später werdet Ihr auch fragen und zu verstehen suchen. Ich wünsche Euch, daß Euch eines Tages – wie man so sagt – ein Licht aufgeht.

»Mein Wort ist Deines Fußes Leuchte«, hat Jesus gesagt. Ein Licht, das Euch zeigt, daß man zur letzten Wahrheit nicht durch Verstehen, sondern durch Glauben kommt. Darum geht es ja, wenn Eure Eltern abends vor dem Einschlafen mit Euch beten, der liebe Gott möge Euch fromm machen. Das ist eine Bitte an Gott, die Bitte um den »rechten Glauben allermeist«, wie es in einem alten Kirchenlied so schön heißt. Dieser Glaube ist ein großes Geschenk Gottes an uns. Der Glaube an seine Gerechtigkeit, an seine Gnade, die wir Menschen durch den Tod Jesu Christi erreichen. Durch nichts anderes.

Nicht durch gute Schulzeugnisse, durch gewonnene Tennisspiele, durch gutes Betragen. Das ist alles auch sehr wichtig, das wißt Ihr von mir. Aber gute Werke alleine schaffen nicht den Zugang zu Gott. Wir kommen zu ihm nur, wenn wir an ihn glauben, wenn wir es können und wollen.

Gott führt kein Kontobuch über unsere guten und schlechten Taten. Er weiß das alles sowieso.

Aber wenn wir glauben, sind unsere Sünden hier auf Erden durch den Tod Jesu Christi vergeben. Gottes Sohn ist für uns alle am Kreuz gestorben. Auch für Euch beide und auch für mich.

Liebe Elisa, lieber Jakob, Ihr habt keinen Anlaß, immerzu an den Tod zu denken. Dazu seid Ihr viel zu jung. Für Euren Großvater ist das schon ein bißchen anders.

Aber der fürchtet den Tod nicht, weil der eben nicht das Ende ist.

Ich erzähle Euch eine Geschichte vom Sterben Eurer Urgroßmutter, meiner Mutter. Eure Urgroßeltern waren sehr, sehr glücklich verheiratet, und meine Mutter hat den Tod ihres Mannes nie verwunden. Als sie selber wußte, daß sie sterben mußte, ich sie besuchte und wir über ihren Tod sprachen, sagte ich ihr: »Du wirst unseren Vater wiedersehen.«

Sie fragte nur zurück: »Glaubst Du das wirklich?« und wurde durch diese Zuversicht ganz beruhigt. Erwachsenen mag das wie ein kindlicher Glaube vorkommen. Aber Jesus spricht im Neuen Testament nicht umsonst vom Glauben der Kinder.

Jetzt habe ich Euch eigentlich schon zu viel vom Leben nach dem Tode erzählt. Ihr steht ja am Anfang Eures Lebens. Ihr seid voller Hoffnung. Eure Eltern behüten Euch. Es geht Euch gut.

Jakob ist alt genug, um zu sehen, um zu erkennen, daß es in der Welt um uns herum viel Unglück, viel Elend gibt. Und Elisa wird eines Tages erfahren, daß sie das elfte Kind einer ganz armen brasilianischen Familie geblieben wäre, hätte man sie nicht adoptiert.

Es ist nun aber nicht so, daß Gott Euch jeden Wunsch erfüllt, den Ihr so habt und äußert. Ein bißchen ist es so wie mit Eurem Wunschzettel zu Weihnachten oder zum Geburtstag. Da werden auch nicht alle Wünsche erfüllt. Im Leben gibt es Zeiten – das gilt auch schon für Euch –, da wird einem kein einziger Wunsch erfüllt. Manchmal muß man hinnehmen, was einem gar nicht gefällt. Dann fällt es schwer, auch hierin die lenkende

Hand Gottes zu erkennen. Mir ist es oft so gegangen, daß aus Rückschlägen und Enttäuschungen am Ende doch Gutes, Hilfreiches entstanden ist. Dann habe ich erst im Rückblick erkannt, daß Gott es am Ende doch gut mit mir gemeint hat. Das könnt Ihr übrigens auch mit Eurem Leben vergleichen. Mancher Befehl Eurer Eltern, kommt Euch erst lästig vor: »Setz den Helm auf beim Fahrrad fahren!« oder »Im Auto sitzen Kinder hinten«. Jakob kann in seinem Alter erkennen, daß die Anordnung der Eltern ihren guten Sinn hat, und Elisa wird es noch lernen.

Ihr beide habt allen Anlaß, dem lieben Gott dankbar zu sein, für alles, was er für Euch, Eure Eltern und uns alle getan hat.

Liebe Elisa, lieber Jakob, Euer Leben ist voller Hoffnung auf den nächsten Tag, das nächste Jahr, die Zukunft. Diese Hoffnung ist die Freude eines jeden Christenmenschen.

Martin Luther hat das so schön gesagt: »Und wenn ich wüßte, daß morgen die Welt unterginge, so würde ich doch heute noch mein Apfelbäumchen pflanzen.« Das ist Hoffnung, das ist Glaubensgewißheit.

Es wird in Eurem Leben sicher auch die Erfahrung geben, daß Ihr Euch auf Gott verlassen dürft. Ein Sprichwort sagt, daß Gottes Hilfe dort am nächsten ist, wo die Not am größten ist. Ich habe das selber erfahren, oft genug. Und mein Konfirmationsspruch hat mich durchs Leben begleitet. Nicht nur als schöner Bibelvers, sondern als erfahrene Wirklichkeit. Er steht beim Propheten Jesaja im 54. Kapitel: »Es sollen wohl Berge weichen und Hügel hinfallen, aber meine Gnade soll nicht von

Dir weichen, und der Bund meines Friedens soll nicht hinfallen, spricht der Herr, Dein Erbarmer.«

Ich wünsche Euch, daß Ihr das in Eurem Leben erfahrt. Und daß Ihr glauben werdet, an Gott den Vater, der, wie wir heute sagen, auch unsere Mutter ist. Daß wir also unlösbar zu Gott gehören wie Kinder zu ihren Eltern und Eltern zu Ihren Kindern. Immer eingebunden in die Familie Gottes, die keines ihrer Kinder aufgibt. An Jesus Christus, Gottes eingeborenen Sohn, weil er uns menschliches, irdisches Leben mit allen Höhen und Tiefen vorgelebt hat.

Vorgelebt, und das nicht nur in guten Tagen, sondern daß auch und gerade in schweren Tagen Gott uns nicht fallen läßt, sondern uns unermüdlich zu sich zurückruft. Und an den Heiligen Geist, weil er uns von innen heraus verwandelt mit der Gewißheit, daß wir immer im Schatten seiner Flügel Zuflucht haben. Der uns begeistern will mit dem Vertrauen, das unser Leben, so wie es von Gott herkommt, so auch ganz gewiß zu ihm zurückfinden wird.

Ich sagte schon, daß Ihr viel Anlaß zur Dankbarkeit habt. Zeigt das auch. Ihr habt gelernt Bitte und Danke zu sagen, wenn man Euch etwas gibt, wenn Euch ein Wunsch erfüllt wird.

Denkt daran, Euch auch bei dem guten Gott zu bedanken, so wie es dieses Lied sagt.

Konrad Raiser wurde 1938 in Magdeburg geboren. Er studierte evangelische Theologie in Bethel, Zürich und Tübingen und war anschließend als Pfarrer der Württembergischen Landeskirche tätig.

Von 1969 bis 1983 war er Mitarbeiter des Ökumenischen Rates der Kirchen in Genf. Im Anschluß daran übernahm er eine Professur für Systematische Theologie/Ökumenik in Bochum, bis er 1993 als Generalsekretär des Ökumenischen Rates der Kirchen nach Genf zurückkehrte.

Konrad Raiser ist verheiratet und hat vier Kinder.

Lieber Kilian, liebe Nora, liebe Louise,

heute schreibe ich Euch zum ersten Mal einen richtigen Brief. Bislang habt Ihr nur manchmal einen Gruß von mir auf einer Ansichtskarte bekommen; aber jetzt könnt Ihr schon oder bald selber lesen und freut Euch vielleicht über einen Brief vom Großpapa nur für Euch.

Kilian ist schon mehrmals mit uns nach Weihnachten in St. Luc gewesen und weiß, wie wir Sylvester feiern: mit einer Raclette, danach dem nächtlichen Schlittenfahren und dann um Mitternacht mit Wunderkerzen und Sekt für die Großen und Kindersekt für Euch. So haben wir es früher auch mit Euren Vätern gemacht, als sie noch Buben waren.

Vielleicht wißt Ihr schon, daß es in diesem Jahr ein sehr, besonderes Sylvester gibt. Es geht nicht nur ein Jahr zu Ende, sondern es beginnt ein neues Jahrhundert, ja sogar ein neues Jahrtausend. Das haben auch Eure Eltern und Großeltern noch nicht erlebt; ja, das hat es bisher nur einmal gegeben, seit wir unsere Jahre so zählen, nämlich vor tausend Jahren. Nach unserer Zeitrechnung feiern wir in diesem Jahr zu Weihnachten den 2000. Geburtstag von Jesus, dessen Leben und dessen Botschaft im Mittelpunkt des Glaubens von Christen und Christinnen der ganzen Welt steht.

Ihr gehört ja durch Eure Taufe auch dazu und werdet hoffentlich, wenn Ihr größer werdet, besser verstehen, warum dieser Glaube Euren Eltern und Großeltern wichtig ist. Er hilft uns zum Beispiel, dem Übergang in ein neues Jahrhundert und ein neues Jahrtausend mit gelassener Erwartung und ohne Angst entgegenzusehen. Eigentlich ist es ja auch ein ganz normales Sylvester, und am ersten Tag des neuen Jahrhunderts wird das Leben einfach weitergehen. Wir werden vielleicht mit einem etwas feierlichen Gefühl aufwachen, so als wäre es der eigene Geburtstag; aber dann wird die Sonne aufgehen, wie jeden Morgen, und es wird ein festliches Frühstück geben, wie immer zu Neujahr.

Aber nicht alle Menschen denken so wie wir an diesen besonderen Übergang. Für die Muslime z. B. in den arabischen Ländern oder für die Juden in Israel gilt eine andere Einteilung der Jahre. Sie feiern ihr Neujahr im Frühjahr bzw. im Herbst. Sie zählen auch, ebenso wie die Chinesen und die Buddhisten, die Jahre anders als wir. Daher gilt der Beginn eines neuen Jahrtausends eigentlich nur für die Länder in Europa, Nord- und Südamerika und in Afrika, in denen die meisten Christen leben.

Aber diese Zeitrechnung hat sich inzwischen weltweit durchgesetzt. Wenn ich z. B. Briefe aus China, aus Thailand, aus Ägypten oder aus Israel bekomme, dann geben sie das Datum nach unserer Zeitrechnung an.

Auch bei uns werden sehr viele Menschen zu Sylvester in diesem Jahr nicht an den Anfang des Christentums vor zweitausend Jahren denken. Manche wollen einfach die runde Jahreszahl feiern und würden vielleicht gerne eine Reise zu einer der Inseln im Pazifischen Ozean machen, um so unter denen zu sein, die als erste das neue Jahrtausend begrüßen.

Andere freuen sich auf ein Jahrhundertfeuerwerk, wie sie es noch nie erlebt haben, oder werden auf einem

Millenniums-Ball in das neue Jahrtausend hineintanzen. Vielen Menschen freilich wird nicht nach Feiern zumute sein. Sie wissen vielleicht schon heute nicht, wie sie für sich und ihre Kinder genug zu essen finden sollen, und haben keine Hoffnung, daß es im neuen Jahrhundert anders wird.

Manche fragen sich, ob die schrecklichen Wirbelstürme, Erdbeben und Überschwemmungskatastrophen nicht vielleicht Anzeichen des bevorstehenden Weltuntergangs sind, wie manche Sektenprediger uns glauben machen wollen.

Andere sehen nüchtern, daß der technische Fortschritt die Probleme unserer Welt schon jetzt nicht mehr löst, sondern manchmal sogar schlimmer macht. Sie denken vielleicht daran, daß unser Leben immer mehr von Computern abhängig ist und daß man nicht sicher weiß, was mit diesen komplizierten Instrumenten geschieht, wenn sie sich auf den ersten Tag eines Jahres mit drei Nullen umstellen müssen.

Sie alle sehen mit gemischten oder ängstlichen Gefühlen dem Beginn des neuen Jahrtausends entgegen.

Ihr wißt, daß ich mich in meiner Arbeit ganz der weltweiten ökumenischen Bewegung der christlichen Kirchen verschrieben habe. Ich begegne vielen Menschen, die die ängstlichen Gefühle ihrer Zeitgenossen gut verstehen und gerade deshalb sich dafür einsetzen, daß der Beginn eines neuen Jahrhunderts und Jahrtausends ein wirklicher Neuanfang wird.

So gibt es z. B. eine große Kampagne, die erreichen will, daß den armen, von Hunger, Krankheit und Überlebenskämpfen geplagten Ländern, vor allem in Afrika, ihre hohen Auslandsschulden erlassen werden. Sie sollen nicht länger genötigt sein, enorme Summen jedes Jahr an die reichen Länder bei uns zu zahlen, sondern in der Lage sein, das Geld zum Wohl ihrer eigenen Bevölkerung einzusetzen. Ich finde das auch ein ganz wichtiges Ziel, um im neuen Jahrhundert etwas mehr Gerechtigkeit in der Welt zu verwirklichen. Viele christliche Kirchen und einzelne Christen und Christinnen unterstützen es und arbeiten dafür.

Viele unter meinen Freundinnen und Freunden haben noch eine andere große Sorge. In der kleiner gewordenen Welt, in der alle Länder eng voneinander abhängig geworden sind, kämpfen nicht nur die großen Wirtschaftsunternehmen, sondern auch Religionsgemeinschaften um ihren Einfluß: Muslime gegen Christen in vielen Ländern Afrikas oder in Indonesien, Hindus und Muslime in Indien, Buddhisten und Hindus in Sri Lanka, und dazwischen viele neue religiöse Bewegungen, die sich weltweit ausbreiten.

Das ist schlimm, und deshalb ist es wichtig, dafür zu arbeiten, daß im neuen Jahrhundert Menschen mit unterschiedlicher religiöser Überzeugung lernen, sich gegenseitig zu achten, statt sich zu bekämpfen.

Das gilt auch und gerade für die verschiedenen christlichen Kirchen und Traditionen, deren Gegensätze in den letzten tausend Jahren zu so viel Krieg und Blutvergießen beigetragen haben. Sollte es nicht auch hier im Jahr 2000 einen neuen Anfang geben?

So mischen sich bei vielen Menschen die Ängste und Erwartungen, die bösen Vorahnungen und die guten Vorsätze, wenn sie an das neue Jahrhundert und

Jahrtausend denken. Und jedenfalls bleibt eine gewisse Unsicherheit.

Die Welt hat sich in der Zeit, seit ich kurz vor dem Zweiten Weltkrieg geboren wurde, völlig verändert. Flugzeuge, Fernsehen und Computer waren damals noch ganz am Anfang ihrer Entwicklung. Die Computer beispielsweise waren so groß, daß man dafür eigene Häuser bauen mußte, und trotzdem arbeiteten sie viel langsamer als die kleinen Laptops Eurer Eltern heute. Nur wenige Menschen konnten sich eine Reise in andere Länder leisten, und ein Brief nach Amerika brauchte mehr als eine Woche Zeit. Ich war schon fast zehn Jahre alt, als ich zum ersten Mal eine Apfelsine oder eine Banane sah. Eure Väter haben schon jetzt viel mehr Länder gesehen als Großmama und ich in ihrem Alter.

Und die rasche Veränderung geht weiter. Wenn Ihr groß geworden seid, wird die Welt sehr anders aussehen als heute, und ich bin nicht sicher, ob ich mich dann noch zurechtfinde.

Aber ich habe keine Angst davor und bin eigentlich ganz gelassen. Wenn ich versuche, mir Rechenschaft darüber zu geben, warum das so ist, so muß ich zuerst an den Blick aus unserem Haus in St. Luc denken. Das Matterhorn, das Obergabelhorn und die anderen großen Berge, die wir von dort aus sehen, waren auch schon vor zweitausend Jahren da, und sie werden immer da bleiben. Sie haben etwas Zeitloses an sich, ebenso wie Nord- und Ostsee und das weite Meer.

Seit Tausenden von Jahren ist Menschen beim Anblick der Berge und des Meeres bewußt geworden, daß ihr eigenes Leben eingebettet ist in die unendlich große Schöpfung Gottes, die lebt und weiter besteht, auch ohne unser Zutun.

Freilich sind gerade die Berge und das Meer den Menschen auch unheimlich. Die Natur kann gefährlich sein, und – anders als Pflanzen und Tiere – sind die Menschen nicht einfach angepaßt an ihre Umwelt. Sie müssen sich die Welt bewohnbar machen und sind dabei sehr erfindungsreich geworden. Sie haben sich Häuser gebaut, die Felder bestellt, Straßen eingerichtet, Eisenbahnen, Autos und Flugzeuge erfunden, so daß wir uns gegenseitig leicht besuchen können.

Inzwischen schießen sie aber immer mehr über das Ziel hinaus mit der Folge, daß das innere Gleichgewicht der Natur aus den Fugen zu geraten droht. Trotzdem glaube ich fest daran, daß Gott seine gute Schöpfung lebensfähig erhält, daß Sommer und Winter, Tag und Nacht, nicht aufhören.

Darum lohnt es sich, dafür zu arbeiten, daß auch in Zukunft Blumen in unseren Gärten blühen, daß es auch in unseren Städten Bäume gibt und Vögel, die singen, und daß der Himmel durchsichtig bleibt, so daß wir uns an der Sonne freuen können.

Manche junge Menschen, die sich lieben und zusammen leben wollen, fragen sich heute, ob sie Kinder haben sollen. Als Großeltern freuen wir uns sehr, daß es Euch gibt. Wir haben Euch lieb, und außerdem ist Eure Gegenwart für uns ein Zeichen, daß das Leben weitergeht, auch wenn wir einmal gestorben sind, und daß es stärker ist als alle Angst vor den Kräften der Zerstörung.

Ihr wachst in eine große Familie hinein und werdet Euch später sogar noch an Eure Urgroßeltern erinnern. Viele andere Kinder heute müssen sich alleine durchschlagen und entwickeln darum einen Haß auf die kalte Welt der Großen.

Vielleicht werdet Ihr später einmal in ganz neuen Formen mit anderen zusammen leben, aber ich bin sicher, daß es immer Eltern geben wird, die sich über ihr Kind freuen, und daß Freundschaft und Liebe zwischen Menschen nicht aufhören wird.

Darum lohnt es sich, etwas dafür zu tun, daß immer neue Gemeinschaften entstehen, in denen Menschen einander beistehen und Geborgenheit schenken. Das Geheimnis des Lebens liegt darin, daß wir um so erfüllter leben, je mehr wir von unserem Leben mit anderen teilen.

Als ich ein Bub war, gab es noch keine CDs und keine Discos. Ich erinnere mich noch an den Tag, als meine Eltern unseren ersten Plattenspieler kauften. Es war ein ziemlich großer Apparat, die Platten waren im Nu zu Ende und eierten oft ziemlich stark. Es gab noch kein Stereo; der Sound war also ziemlich flach verglichen mit heute. Aber dafür haben wir viel gesungen und musiziert zu Hause. Eure Väter haben andere Lieder gesungen und mit ihren Freunden ihre eigene Musik gemacht.

Ich bin sicher, daß auch in dem neuen Jahrhundert Kinder, ebenso wie Eltern und Großeltern, anfangen werden zu singen, wenn sie sich freuen und gute Laune haben. Und immer wird es Menschen geben, die Lust verspüren zu tanzen, wenn Musik erklingt. Wenn wir es verlernen sollten, so werden es uns die Menschen aus Afrika und Lateinamerika wieder beibringen, die sich, auch wenn sie wenig Hoffnung auf ein besseres Leben haben, nicht davon abhalten lassen, zu singen und zu tanzen. Darum lohnt es sich, solche Räume und Zeiten zu erhalten, in denen Menschen sich miteinander freuen und feiern können.

Von den großen Bergen bei St. Luc bin ich schließlich bei der Freude an den kleinen Dingen des Lebens und bei der Musik gelandet. Ich wollte Euch sagen, warum ich trotz aller Veränderungen und Ungewißheiten zuversichtlich und gelassen bin, wenn ich an das neue Jahrhundert und Jahrtausend denke.

Letztlich ist es aber wohl das, was man etwas altmodisch Gottvertrauen nennt, d. h. die Gewissheit, daß unser Leben und unsere Welt aufgehoben und gehalten sind in Gottes Hand.

Ich wünsche Euch, daß Ihr auch in dieses Urvertrauen hineinwachst und lernt, Eure Dankbarkeit wie auch Eure kleinen und großen Ängste im Gebet Gott weiter-zusagen.

Dieses stille Gespräch mit dem, den Jesus »Vater« nannte, hat mich mein Leben lang begleitet, und ich verlasse mich darauf, daß Gott auch im neuen Jahrhundert ansprechbar und uns nahe bleibt.

Die Gespräche über das kommende Jahrtausend, in die ich oft hineingezogen werde, kreisen meist um die großen und schwer faßbaren Zusammenhänge unserer Welt.

Ich habe an den Geschichten von Jesus gelernt, daß es wichtig ist, auf die kleinen alltäglichen Dinge zu achten,

weil wir dort am ehesten die Hand Gottes entdecken
können, die die Welt zusammenhält.

Dazu wollte ich Euch mit meinem Brief einladen und
Mut machen.

Und nun Gott befohlen ins neue Jahr,

Euer Großpapa

Ernst Ulrich von Weizsäcker wurde am
25. Juni 1939 geboren. Er studierte Physik in Hamburg.
1972 erhielt er eine Professur an der Universität Essen.
Im Anschluß daran übernahm er die Präsidentschaft der
Universität/GHS Kassel. Seit 1980 war er Direktor verschiedener Institute, so des UNO Zentrums für Wissen-
schaft und Technologie in New York, des Instituts für
Europäische Umweltpolitik Bonn, London, Paris und
des Wuppertal Instituts für Klima, Umwelt, Energie. Seit
1966 engagiert er sich für die SPD. Gegenwärtig ist er
Mitglied des Deutschen Bundestags. Für sein Engage-
ment wurde er mehrfach ausgezeichnet, u. a. mit dem
Pfaff–Preis für Initiativen im Bildungswesen, dem
Premio de Natura, Rom und der Duke of Edinburgh-
Goldmedaille des WWF International. Ernst Ulrich von
Weizsäcker ist verheiratet und hat fünf Kinder.

Liebe Enkel,

Seit 1999 habe ich zwei Enkel, meine ersten. Im Jahr vor der Jahrtausendwende seid Ihr beiden geboren. An Euch beide und an hoffentlich noch weitere Enkel und an all Eure Altersgenossen richte ich den heutigen Brief. Ich freue mich mit Euren Eltern darüber, daß Ihr geboren wurdet. In eine wunderschöne Welt seid Ihr hineingeboren worden.

Wenn Ihr alt genug seid, diesen Brief zu lesen, wird die Welt schon fast sieben Milliarden Menschen zu tragen haben. Heute sind es sechs Milliarden. Je enger es wird, desto höher sind die Herausforderungen. Es kann viel Streit geben. Streit um Platz zum Leben, Luft zum Atmen, Wasser zum Trinken und für die Erholung.

Das Wasser hat es mir besonders angetan. In den Ferien gehe ich am liebsten an Plätze, wo Wasser ist. Zum Schwimmen, aber auch zum Zuhören, wenn es plätschert. Ich hoffe, auch Ihr werdet es genießen können. Vor allem wenn Ihr selber einmal Kinder habt oder Enkel.

Wenn Ihr Kinder habt, wird die Erde schon etwa acht Milliarden Menschen zu tragen haben. Bevor es schließlich zehn Milliarden sind, wird die Zunahme wohl nicht aufhören.

Wenn jeder Mensch einen Energie-, Wasser-, Land- und Stoffbedarf hat wie wir heutigen wohlhabenden Europäer, dann reicht die Erde nicht aus. Denn sie wächst ja nicht mit. Wir können nicht einfach Luft hinein pumpen wie in einen schönen Luftballon. Aber dafür ist die Erde viel schöner, reichhaltiger und stabiler als die Luftballons. Sie platzt wenigstens nicht.

Aber wenn wir mit dem Energieverbrauch so weitermachen wie bisher und wenn acht Milliarden Menschen das nachmachen, was wir ihnen vormachen, dann befürchte ich schwerwiegende Wetterveränderungen. Denn der Energieverbrauch heizt die Lufthülle der Erde auf.

Wenn wir mit dem Landverbrauch und den gewaltigen Stoffumwälzungen mit Baggern und Bulldozern immer so weitermachen, dann werden immer mehr Tier- und Pflanzenarten ausgerottet. Heute sind es schon über fünfzig Arten pro Tag. Stellt Euch das einmal vor, wie eine Käfer- oder Schmetterlingsart nach der anderen ausstirbt, weil sie keinen Platz zum Leben mehr hat.

Wenn Land und Wasser und Nahrung nicht mehr ausreichen, dann kann es sogar Krieg geben und schreckliches Elend. Dann bleibt die Erde nicht mehr der wunderschöne Ort, in den Ihr letztes Jahr hineingeboren wurdet.

Es liegt an uns Menschen, dieses Elend zu verhindern. Früher meinten die Menschen häufig, Elend und Katastrophen kämen von Gott, vielleicht als Strafen für unrechtes Handeln.

Das gute und richtige an dieser Annahme ist die Bescheidenheit. Nicht jedes Hölzchen, das sich auf dieser Erde bewegt, wird von uns Menschen bewegt. Das schlechte an dieser Annahme ist die unbekümmerte Faulheit. Es ist die Faulheit, die in dem bequemen Glauben liegt, wir könnten ja doch nichts tun.

Aber was sollen wir tun? Das ist natürlich nicht in einer halben Stunde zu sagen.

Ich sage nachher ein paar Worte darüber, was ich persönlich wichtig finde. Da geht es vor allem darum, mit Energie und mit Land und mit Wasser wesentlich sparsamer umzugehen.

Aber für sich alleine ist das ein schlechter Ratschlag. Die Hauptsache dessen, was Ihr tun sollt, müßt Ihr für Euch selbst entdecken. Euch wird immer wieder etwas Neues einfallen, wenn ihr ringsherum gut zuhört und hinschaut.

Ich will Euch aber zunächst noch einige Sorgen mitteilen, die mich selbst dazu bewogen haben, mich in der Politik zu engagieren.

Ich finde, daß sich die Menschheit nicht in die richtige Richtung bewegt. Was ich beobachte, ist eine neue Form der unbekümmerten Faulheit, eine moderne Form der Haltung, wir könnten eigentlich doch nichts tun. Diese Haltung ist erst einmal nicht als Faulheit zu erkennen. Sie verbirgt sich nämlich hinter einer Tarnkappe von Tüchtigkeit. Sie stützt sich auf die Annahme, jeder stehe in einem ständigen Kampf gegen alle anderen und man müsse eben tüchtiger sein als die anderen. Dann habe man Erfolg. Und dann wende sich auf der Erde alles zum Guten. Eine »unsichtbare Hand« sorge dafür, daß es allen gutgeht, wenn jeder nur an seinen eigenen Vorteil denkt.

Das ganze nennt man »Marktwirtschaft«. Sie hat sich erst in den neunziger Jahren des zwanzigsten Jahrhunderts weltweit voll durchgesetzt. Sie ist geradezu zum neuen Götzen geworden.

Wenn Ihr erwachsen seid, liebe Enkel, wird die Marktwirtschaft immer noch weltbeherrschend sein. Aber sie wird kein Götze mehr sein.

Daß sie zum Götzen wurde, hängt auch damit zusammen, daß wir bis 1990 in einer Hälfte der Welt ein System hatten, das man Sozialismus nannte und das die Marktwirtschaft ablehnte. Dort beherrschte der Staat das Geschehen. Es gab dort wenig Freiheit und wenig Freude. Und sonderlich gerecht ging es dort auch nicht zu. Wäret Ihr dort geboren worden, Ihr hättet Euch sicher dagegen aufgelehnt.

Millionen von mutigen Leuten haben sich aufgelehnt. Und etwa um 1990 brach das sozialistische System zusammen, und die Welt jubelte. Auch ich habe gejubelt.

Die Marktwirtschaft triumphierte. Aber in diesem Triumph lag etwas Schreckliches, das wir zuerst nicht wahrgenommen haben. Es gab jetzt nur noch ein System. Das Geld wurde übermächtig.

Den Reichen und den Tüchtigen ging es jetzt sprunghaft besser, den Armen und den weniger Tüchtigen immer schlechter. Das Geld konnte sich auf einmal ungehindert und ohne Rücksicht auf politische Stimmungen weltweit frei bewegen. Es spielte dadurch die Länder gegeneinander aus. Denn alle Länder sind auf Geld angewiesen, das dafür eingesetzt wird, Familien in Lohn und Arbeit zu bringen.

Im Wettbewerb um Geld hat ein Land einen Sieg nach dem anderen davongetragen, ein Land, das so klein ist, daß es dort gar keine Familien gab, die man hätte in Lohn und Arbeit bringen müssen: die winzige Gruppe der Kaiman-Inseln. Dorthin floß mehr Geld als in alle

50 afrikanischen Staaten zusammengenommen. Die Anziehungskraft dieses Inselstaates liegt darin, daß man dort so gut wie keine Steuern zahlt und daß es dort fast keine Aufsicht über das Geld gibt.

Dieser weltweite Wettbewerb ums Geld hat in etwa zehn Jahren das Gesicht der Kultur verändert. Das ist eine verkehrte Welt. Alles dreht sich ums Geld. Nicht etwa, weil man keine höheren Werte mehr kennt, sondern weil ein Land oder eine Familie ganz rasch ganz böse in die Armut rutscht, wenn man sich nicht ständig ums Geld kümmert. Die höheren Werte müssen immer länger warten, bis sie dran sind.

Oft gehen die Familienbande kaputt, weil alle ständig in irgendwelche Ellbogenwettbewerbe verstrickt sind. Viele Kinder vereinsamen, manche suchen ihr Heil auf der Straße. Von der Zukunft erwarten sie nichts Gutes. Denn die Straßenkinder gehören in der Marktwirtschaft nicht zu den Gewinnern.

Die Natur wird immer weiter ausgeräubert, weil das irgendwelchen »tüchtigen« Marktteilnehmern Vorteile bringt.

Geistige und religiöse Einsichten werden verschüttet. Die Hektik des permanenten Wettbewerbs raubt Zeit zur Besinnung.

Die heutige Wirtschaft und Politik läuft dem Umsatz hinterher. Den Umsatz mißt das »Bruttosozialprodukt«.

Wenn Ihr heute selig vergnügt an der Mutterbrust liegt, gibt das keinen Umsatz. Wenn sich aber Eure Mütter dem Beruf zuwenden und Euch ganz rasch abstillen, dann gibt es Umsatz. Dann heißt es Milchpulver kaufen,

Flasche ansetzen, Desinfektionsflüssigkeit für die Fläschchen aufstellen. Und wenn Euch die Flaschenmilch nicht bekommt und Ihr Bauchweh kriegt, gibt's wieder Umsatz. Diesmal beim Kinderarzt und in der Apotheke. Ja, beim Abstillen freut sich das Bruttosozialprodukt. Nur die Kleinkinder, die freuen sich gar nicht.

Das Bruttosozialprodukt mißt nicht das Wohlergehen der Menschen, sondern das Wohlergehen der Wirtschaft und der Staatsfinanzen.

Jetzt habe ich Euch eine ziemlich schwere Ladung von schlimmen Beobachtungen und schlimmen Befürchtungen zugemutet. Ich lasse Euch aber nicht allein damit. Ich komme jetzt noch auf die hoffnungsvolle Seite zu sprechen.

Das Bruttosozialprodukt hat längst Konkurrenz bekommen. Es gibt Ansätze, so etwas wie den Nettowohlstand zu messen. Es fehlt noch die Methode, die Politik und die Wirtschaft dazu zu veranlassen, sich nach den neuen Maßstäben zu richten.

Weltweit ist das Bewußtsein gewachsen, daß die Marktwirtschaft allein kein Glück bringt. Die Kirchen, die Umweltverbände, die Verbraucher, die Gewerkschaften und sogar die Geldanleger haben entdeckt, daß man die Werte der Menschlichkeit und des Naturschutzes hochhalten muß. Das fängt an, den allmächtigen Markt zu beeinflussen.

Weltweit hat auch die Politik wieder entdeckt, daß sie sich nicht zu schämen braucht, wenn sie dem Geld mitteilt, was es darf und was nicht.

Und technisch stehen wir vor einer neuen, großen Revolution. Ich habe schon gesagt, wir sollten eleganter mit der Natur umgehen. Das meine ich wörtlich.

Wir können Autos so bauen, daß sie nicht mehr acht Liter, sondern nur noch zwei Liter Benzin brauchen. Das ist viermal so elegant wie heute. Wir können Häuser so bauen, daß sie praktisch keinen Heizbedarf mehr haben. Das ist vielleicht zehnmal so elegant wie heute. Gemüse und Fleisch können so erzeugt werden, daß nur noch ein Viertel des Energieverbrauchs nötig ist.

Mit dem Computer, mit dem Ihr natürlich aufwachst, könnt Ihr Briefe ohne Postflugzeug über den Atlantik schicken. Auch das schont die Natur. Praktisch jeder Lebensbereich kann so umgestaltet werden, daß wir ohne Wohlstandsverzicht viermal so gut haushalten, also nur noch ein Viertel des heutigen Naturverbrauchs haben. Ist das nicht ein Plan, für den Ihr Euch begeistern könnt, wenn Ihr einmal alt genug dafür seid?

Damit der Plan auch für die Herstellerfirmen und für die Einkaufsläden an der Ecke lohnend wird, müssen wir aber politisch noch einiges tun. Vor allem müssen wir dafür sorgen, daß der Naturverbrauch endlich einen angemessenen, einen hohen Preis bekommt. Dazu muß er künstlich verteuert werden. Dann lebt derjenige besser und billiger, der elegant und effizient mit der Natur umgeht.

Das ist der Grundgedanke der ökologischen Steuerreform, für die ich mich seit einem Jahrzehnt eingesetzt habe. Jetzt endlich hat sie im vergangenen Jahr bei uns Einzug gehalten, leider unter großen Protesten der Wirtschaft und einiger Politiker, die wohl weniger an Euch Enkel denken.

Bis Ihr groß seid nehme ich an, daß die ökologische Steuerreform genauso selbstverständlich sein wird wie die Grundschulpflicht oder der Euro.

Aber die Umweltsteuern und die elegante Naturnutzung allein machen die Welt noch nicht wieder gesund. Alle Effizienzgewinne sind in der Vergangenheit irgendwann wieder verfrühstückt worden.

Die neue Kultur, die Ihr gestalten werdet, muß auch lernen, die Genügsamkeit wieder zu entdecken. Das ist nicht leicht.

Wie ist das mit der Genügsamkeit zu verstehen?

Vorhin habe ich von der Muttermilch gesprochen. Die ist das Beste, was Ihr zu Beginn Eures Lebens bekommen könnt. Und das Billigste. Das Beste ist nicht immer das Teuerste. Das Schnellste, Größte, Lauteste ist meistens etwas Fürchterliches. Es tut weh oder erschreckt uns oft. Es beeinträchtigt unser Wohlbefinden.

Heute sind die Wirtschaft und auch die Schule noch so eingerichtet, daß der Schnellste gewinnt.

Wenn wir einsehen, daß das oft böse in die Irre führt, weil Geschwindigkeit manchmal zerstörerisch ist, dann können wir Schulen und Wirtschaft eines Tages so einrichten, daß die anderen gewinnen. Oder wenigstens eine faire Chance haben.

Liebe Enkel, ich hoffe für Euch, daß Ihr die wunderschöne Welt, in die Ihr da hineingeboren wurdet, in vollen Zügen werdet genießen können. Es soll Euch nicht schwerfallen, diese Freude mit acht Milliarden Menschen aller Rassen zu teilen. Ich hoffe, Ihr werdet in Eurem Leben etwas dazu beitragen können, daß die Lebensgrundlagen für Euch und für Eure eigenen Enkel erhalten werden.

Renate Schmidt wurde am 12. Dezember 1943 in Hanau geboren. Nach einer Ausbildung als Programmiererin arbeitete sie beim Quelle-Großversand Nürnberg. 1972 wurde sie Mitglied der SPD. Parallel dazu engagierte sie sich als Betriebsrätin für die Gewerkschaft. 1980 wurde Renate Schmidt in den Deutschen Bundestag gewählt. Hier machte sie sich mit Themen wie Zivildienst, Aids-Hilfe und Entschädigung von NS-Opfern einen Namen. Ihr besonderes Engagement gilt der Familienpolitik. Von 1987 bis 1990 war Renate Schmidt stellvertretende Vorsitzende der SPD-Bundestagsfraktion, im Anschluß daran Vizepräsidentin des Deutschen Bundestages und Landesvorsitzende der bayerischen SPD. Seit 1997 widmet sie sich als stellvertretende Vorsitzende der SPD vorrangig der Politik für Frauen und Familien. Renate Schmidt ist verheiratet und hat drei Kinder.

Liebe Urenkelin,

als Du im Jahre 2012 geboren wurdest, war ich gerade
69. Ich habe mich so sehr über Deine Geburt gefreut,
denn Du warst für mich ein Zeichen, daß das Leben
immer weitergeht, daß ein Stückchen von mir das Jahr
2050, ja wenn Du so alt wirst, sogar das Jahr 2100 erleben wird.

Ich möchte zwar mindestens 98 werden, dann bist Du
28. Vielleicht bin ich dann noch klar im Kopf, vielleicht
findest Du, ich sei noch eine interessante Urgroßmutter,
die Dir nicht nur etwas zu erzählen, sondern auch etwas
zu sagen hat. Vielleicht aber sterbe ich schon nächstes
Jahr, schließlich bin ich schon 55, und deshalb schreibe
ich Dir schon jetzt einen Brief zu Deinem 18. Geburtstag im Jahre 2030, den wir hoffentlich mit der ganzen
Familie feiern.

Falls ich nicht mehr dabei bin, sollst Du wissen, ich bin
getrost gestorben – hoffentlich nicht zu plötzlich, damit
ich mich von allen verabschieden kann und das wichtigste Ereignis neben der Geburt im Leben eines Menschen, den Tod, also den Übergang von einer Stufe des
Seins in eine andere, erleben kann. Für mich ist das
Leben ewig und die Liebe unvergänglich: Gott ist für
mich das Prinzip Leben und das Prinzip Liebe.

Ich sterbe deswegen getrost, aber auch weil ich zuversichtlich und optimistisch gelebt habe.

Das ist es, was ich Dir am meisten wünsche, daß Du
lebst und das bedeutet, sich hineinzubegeben in dieses
Leben, nicht geizig mit sich selbst zu sein, Dich selbst zu
mögen und andere wie Dich selbst. Bleib so neugierig,

wie ich Dich jetzt als Sechsjährige erlebe, und so mutig und so empfindsam für das Unglück anderer.

Mit 18 hast Du hoffentlich nur die üblichen »Niederlagen«, eine schlechte Note, das Auseinandergehen einer Freundschaft oder das Scheitern einer ersten Liebe erlebt, aber das Leben wird Dir noch die eine oder andere Niederlage bereiten. Habe davor keine Angst und vermeide deshalb Risiken nicht.

Mich haben Niederlagen stärker gemacht. Wer dauernd vorsichtig mit sich selbst ist, wird vielleicht weniger Enttäuschungen erleben, aber auch weniger Schönes.

Letzthin habe ich in einem Buch von Simmel diesen Satz gefunden: »Am besten wäre es, man hinge an gar nichts, dann stünde einem niemals eine schwere Zeit bevor.«

Genau das meine ich mit »vorsichtig mit sich selbst sein«. Der das in dem Buch sagt, ist bewußt nicht verheiratet (»ab und zu eine Freundin«) und hat bewußt keine Kinder.

Ich hätte ihm geantwortet, daß ihm vielleicht keine schwere Zeit bevorsteht, daß er weniger Angst haben muß um geliebte Menschen, daß er vielleicht weniger Unglück hat, aber auch viel weniger Glück.

Es gibt ein Gebet von Eduard Mörike. Das heißt:

Herr, schicke was Du willst
ein Liebes oder Leides
ich bin vergnügt, daß beides
aus Deinen Händen quillt
wollest mit Freuden und wollest mit Leiden

mich nicht überschütten
denn in der Mitten
liegt holdes Bescheiden

Mit den ersten vier Zeilen bin ich sehr einverstanden, bei den letzten vier sage ich na ja, denn »holdes Bescheiden« war nie so ganz meine Sache, nicht einmal jetzt.

Immer noch habe ich Pläne, als ob manchmal 55 Jahre vor mir liegen und nicht hinter mir.

Also bescheide Dich nicht zu sehr, sondern stürze Dich hinein in das Leben, habe keine Angst, Dich zu binden an einen Mann, an Deine Kinder.

Ich war mit Deinem Urgroßvater dreiundzwanzig Jahre bis zu seinem Tod glücklich verheiratet und habe das große Glück gehabt, noch mal meine große Liebe zu finden, und wir sind auch schon wieder zwanzig Jahre verheiratet.

Für Deine Großmutter war verheiratet sein »unmodern«. Ich bin froh, daß sich diese Mode in der Generation Deiner Mutter wieder gegeben hat. Es ist nie unmodern, sich auf einen Menschen ganz einzulassen, »in guten und in schlechten Tagen« und »bis daß der Tod Euch scheidet«.

Richtige große Liebe ist viel mehr als der Rausch der Verliebtheit. Verliebtheit nimmt ab, Liebe wächst.

Deshalb wünsche ich Dir, daß Du den Richtigen findest.

Als Dein Urgroßvater gestorben ist, habe ich mich wie amputiert gefühlt, wie in der Mitte auseinandergeschnitten. Ich war damals 41, er 43, und wir haben uns sechsundzwanzig Jahre gekannt, alles Wichtige in unserem Erwachsenenleben gemeinsam erlebt.

Ich habe anderthalb Jahre gebraucht, um meine Mitte wiederzufinden und mich auch mit Gott wieder auszusöhnen – vielleicht ist das sogar dasselbe.

Was mir am meisten geholfen hat, aus meiner Trauer wieder herauszufinden, waren nicht nur meine Kinder, Deine Großmutter und Deine beiden Großonkel, sondern das war vor allem die Tatsache, daß ich zwar um die nicht mehr mögliche gemeinsame Gegenwart und Zukunft mit meinem Mann getrauert habe, aber nicht um die versäumte Vergangenheit.

Das wünsche ich Dir auch, verschiebe nichts, was wichtig ist, worauf Du Dich freust und womit Du jemandem eine Freude machen willst – dann mußt Du nicht, wenn es nicht mehr geht, sagen: »Hätte ich doch, wäre ich doch.«

Liebes Kind, ich will Dir nicht zu viele Ratschläge mitgeben, dazu neigen ältere Menschen leider.

Laß mich Dir aber noch etwas erzählen, wie ich mit Deiner Großmutter schwanger war. Da mußte ich – ein Jahr vor dem Abitur – die Schule verlassen. Die Direktorin sagte, ich hätte Schande über die Schule gebracht.

Es wäre wahrscheinlich sowieso nicht möglich gewesen, weiterzumachen – weder Dein Urgroßvater noch ich kommen aus reichen Elternhäusern. Jemand mußte Geld verdienen und in den winzigen Wohnungen Deiner Ururgroßeltern war für eine zusätzliche kleine Familie kein Platz.

Aber der Satz, ich hätte Schande über die Schule gebracht, hat mich zutiefst getroffen.

Du weißt, daß ich eine Zeit meines Lebens Politikerin war und immer darum gekämpft habe, daß niemand mehr einen solchen Satz sagt, ja ihn nicht einmal mehr denkt.

Damals, 1961, gab es keine legale Möglichkeit eines Schwangerschaftsabbruchs. Aber selbst wenn, ich hätte es nicht getan, ich hätte das nie gekonnt. Deine Großmutter übrigens genausowenig.

Aber ich hatte auch Glück. Mein Freund und dann mein Mann hat genauso zu mir gestanden wie unsere beiden Familien, und deshalb weiß ich, daß jede Frau die Entscheidung für ein Kind selbst treffen muß.

Ich wünsche Dir, daß Du Dich frohen Herzens für Kinder entscheiden kannst, und ich wünsche Dir, daß Du in einer Gesellschaft leben kannst, die das Leben achtet. Dazu gehört das menschliche Leben, egal, ob es das von Kindern oder von Greisen ist, oder das Leben von Behinderten.

Wie ich etwa fünfzig, sechzig Jahre alt war, also bevor Du geboren wurdest, gab es eine unerträgliche Diskussion über »Menschenzucht«, um den vollkommenen Menschen herzustellen. Gott sei Dank sind diese Ideen wieder in der Versenkung verschwunden, wo sie hingehören – aber die Gefahr, Alte und Behinderte als Ballast anzusehen, die ist noch längst nicht verschwunden.

Und wie wir mit den ganz alten Menschen umgehen, spottet immer noch jeder Beschreibung. Kaum jemand mag sich vorstellen, daß er oder sie selbst einmal zu diesen pflegebedürftigen alten Menschen gehören könnte.

In unserer Gesellschaft wird viel zu wenig über Krankheit und Tod geredet und zwar über die eigene mögliche Krankheit, den eigenen Tod, das eigene Sterben. Die Angst davor wird verdrängt, und deshalb werden diejenigen, die uns daran erinnern könnten, einfach abgeschoben und weggesperrt.

Das alles muß Dich jetzt mit achtzehn noch nicht bewegen. Aber zulassen solltest Du es nicht, wenn es Dir begegnet, und das sage ich nicht nur aus persönlichem Interesse.

Ich wünsche Dir für das Jahr 2030 einen wunderschönen 18. Geburtstag mit vielen Freundinnen und Freunden, mit Deiner ganzen Familie, Deinen Großeltern, Eltern, Geschwistern, Onkels, Tanten, Cousinen und vielleicht auch mit mir.

Und weil es ältere Damen nun mal nicht lassen können, zum Schluß noch fünf »Lebensweisheiten«:

1. Wissen ist wichtig, aber Denken ist noch viel wichtiger. Laß Dir nie von Deinem Wissen das Denken verbieten.

2. Mische Dich ein, laß nichts mit Dir machen. Es gibt nichts, was nicht wert wäre, verbessert zu werden.

3. Suche Dein persönliches Glück. Ich wünsche Dir die frühzeitige Erkenntnis dazu, daß das größte Glück darin besteht, etwas für einen anderen Menschen zu tun.

4. Bleibe neugierig aufs Leben.

5. Gestehe Dir und anderen Deine Angst ein, und hab den Mut, sie zu überwinden.

Deine Urgroßmutter

Jürgen Fliege wurde am 30. März 1947 geboren.
Er studierte Theologie. Nach zwölf Jahren Pfarramt in
der Nähe von Aachen arbeitete er vorwiegend im Auftrag
der Evangelischen Kirche freiberuflich bei verschiedenen
Fernseh- und Hörfunkstationen. Da er als einfühlsamer
und unterhaltsamer Moderator auffiel, wurde er immer
wieder gebeten, große kirchliche Veranstaltungen zu mo-
derieren. Den vorläufigen Höhepunkt seiner Karriere
erreichte Jürgen Fliege 1996. Er erhielt in Leipzig den
Bambi für die beliebteste Talk-Show. 1999 gründete er
ein privates Institut für Seelsorge und Kommunikation
zur Fortbildung von Pfarrerinnen und Pfarrern.
Jürgen Fliege ist Autor zahlreicher Kinderbücher und
mehrerer Lebenshilfebücher. Seit 1995 schreibt er regel-
mäßig Kolumnen für die Zeitschrift »Bild der Frau«. Er
ist verheiratet und hat zwei Kinder.

Ob ich Dich je sehen werde, mein Kind, mein Enkelkind? So von Angesicht zu Angesicht? Und ob ich je meine grauen harten Bartstoppeln an Dein zartes Gesichtchen drücken kann? Ob ich Dich je in meinen Armen halten werde und Dich dann auch an die Hand nehmen kann? Deine Hand in meiner Hand! Vorsichtig auf Deine ersten Schritte achten, mit denen noch jeder Mensch mehr ins Leben stolpert, als gerade dorthin zu gehen, wohin er will und soll? Ob es Dich je geben wird?

Ich weiß es nicht, ich weiß es nicht. Du bist ja noch nicht geboren. Es steht in den Sternen, ob Du kommst und wann Du kommst. Das sagt man so einfach.

Besser wäre zu sagen: Du, mein Kind, stehst in den Sternen! So sagt man heute noch, am Vorabend der großen interstellaren Reisen und intergalaktischen Abenteuer. Du stehst in den Sternen, eben wie die Sterne in der ewigen Dunkelheit des Universums unendlich lange schon da waren und auch da bleiben werden, ohne daß wir davon wußten und wissen. Genauso stehst Du für mich noch verborgen wie Sterne im Universum. Sterne, die längst da sind, die aber von unseren vernünftigen elektronischen Himmelsspionen noch nicht entdeckt worden sind. Wann werden wir Dich entdecken und in unseren Armen halten können, mein Kind?

Noch stehst Du für mich in den Sternen. Denn Deine Mutter, meine Tochter, ist eben selbst erst ihrer Kindheit entwachsen, schaut sich keß herausgeputzt vorsichtig nach ein paar netten Jungs um und meldet sich bei der Tanzstunde an. Dein Vater, mein Kind, wird wohl noch nicht unter den jungen Kavalieren sein. Denke ich doch, hoffe ich doch! Ich weiß daher nicht, ob oder wann es Dich wirklich geben wird. Ich habe nicht einmal eine Ahnung von Dir.

Oder doch? Vielleicht doch! Vielleicht doch, wenn ich sensibel auf Deine Signale achte! Warum, um alles in der Welt, schreibe ich Dir mit der ganzen Kraft meines Herzens einen geheimnisvollen Brief? Adressiert in den unendlichen Himmel wie ein Gebet! Abgeschickt in die Dunkelheit der Zukunft und des Universums hinein? In dieselbe Richtung, die meine Gebete nehmen? Als wenn diesen Brief in der Tat einmal jemand lesen würde? Du! Du? Erreichen mich etwa schon die fernsten feinen Strahlungen Deines unbekannten Lebens? Ich bin mir nicht sicher. Doch daß ich Dir einen Brief schreiben soll, das scheint mir doch nicht nur die Idee eines klugen Redakteurs? Da könnte doch mehr dahinter stecken? So wie hinter jedem dunklen Fleck am Nachthimmel noch ein unsichtbarer Stern glänzt.

Warum nehme ich denn zum Beispiel die ganze Zeit an, daß Du, mein Kind, ein Mädchen sein wirst, ein Mädchen? Ahne ich etwa etwas? Bist Du mir längst näher als ich weiß? Kennst Du mich vielleicht schon?

Es gibt ja die alte jüdische Weisheit, daß der Schöpfer der Welten ein kleines Menschenkind, das aus der Unendlichkeit der Ewigkeit die Reise in Zeit und Welt antritt und hier von seiner Erdenmutter geboren werden wird, seinem Schutzengel vorstellt, der ihm dann auf seiner Erdenreise an die Seite gestellt wird. Und dieser Engel führt das Kind längst vor seiner Geburt in Bruchteilen von ein paar Augenblicken seinen späteren Lebensweg entlang. Keinen Tag soll es geben, an dem sich das Kind gänzlich in der Fremde fühlt. Und keine Nacht soll es geben, in der es sich nicht mehr auskennt und aufgibt. Es weiß tief drinnen, alles wird gut. Der Engel hat in seiner Seele Spuren hinterlassen. Unauslöschbar!

So erklärte man sich in den letzten beiden Jahrtausenden unsere merkwürdigen Déjà-vu-Erlebnisse, die noch jeder Mensch in seinem Leben machte. »Hier war ich doch schon!« Aber wann? »Und den oder die kenne ich doch?!« Aber woher? Kennst Du mich, mein Kind, schon bevor ich Dich kenne?

Solche Weisheitslegenden sind oft wahrer als sie auf den ersten Blick scheinen. Das Leben beginnt eben vor der Geburt und endet nicht nach dem Abschied aus der Zeit. So wie das Universum längst vor unserer Erde da war und auch da sein wird. Und wir Menschen, wir Zeitwesen, können nur ahnen, was war und sein wird, solange wir es nicht wissen. Mittlerweile wissen wir wenigstens, daß unsere Ahnungen und die Ahnung unserer Ahnen vom Anfang aller Zeiten richtig waren.

Ahnen, weißt Du, und Ahnung haben ist schließlich ein ganz anderes Wissen als das neue, moderne, intelligente Wissen aus kalten Datensätzen und Megabites, das in unseren Tagen, in denen das Jahrtausend zu Ende geht und das neue anfängt, den entscheidenden Ton angibt. Nach dem Daten-Rhythmus der gefühl- und ahnungslosen Rechner tanzt gerade die ganze Welt. Vergiß Du aber, mein Kind, dieses ganz andere alte Wissen der Ahnungen nie! Du wirst dadurch einen ganz anderen Blick auf das vorübergehende, moderne, schnelle Wissen und auf die gerade eben moderne Wirklichkeit haben. Du wirst sehen, wie schnell die Moden kommen und gehen. Die Bilder ändern sich. Der Sinn nie! Das uralte Wissen bleibt gleich. Und wenn das Ahnen, Träumen, Sehen und Hören Euch in Eurem neuen dritten Jahrtausend abhanden gekommen sein sollte und untergegangen ist wie so manches Wissen großer gestriger Hochkultur, so will ich es Dir in seinen Grundzügen weitersagen.

Hör zu: Die Ahnung, daß es Dich wohl geben wird, Deine Atemzüge und Dein Haar, Deine Lippen und Deine Tränen, die entspringt weniger dem exakten Wissen meines Gehirns als den Wünschen und Empfindungen des Herzen und den Träumen der Nacht.

Aber jede Nacht hat ihre Botschaft für Dich. Auch die dunklen Bilder haben Wissen und Macht. Da, tief im Dunkeln des Mikrokosmos der Seele, schwingt und schwingt eine ganz andere uralte Wissensquelle unserer Wirklichkeiten. Ich fürchte, daß die in der nächsten Zukunft mehr und mehr verloren gehen könnte. Und darum schreibe ich es für Dich auf, daß Du davon erfährst und in Deinem Leben dieser alten von mir gelegten Spur nachgehst. Wir lernen doch nicht nur am Tag. Wir lernen auch in der Nacht. Wir lernen nicht nur, was am Tag ist, sondern auch was im Dunkeln unserer Träume liegt. Wenn Du denen tapfer folgst, kommst du früher oder später zu den großen Traumbildern, die in allen Menschen vom Anfang und vom Ende des Lebens erzählen. Auch Dir! Er erwartet Dich! Du kannst mitten in der Zeit zu dem kommen, der die Zeit in seinen Händen hält.

Und wenn Du mich fragst, wer den Menschen und Tieren solche Träume und Ahnungen schickt, dann würde ich Dich gerne zurückfragen: Ja, wer denn wohl, mein Liebes? Wer läßt die Menschen ahnen, wenn nicht die Ahnen selbst, die vergangenen Väter und Mütter, Großväter und Großmütter und der Vater aller Väter, der genauso wie eine Mutter ist. Wer denn sonst in aller Welt hat Dich so lieb, daß er auf Dich achtet? Mutter und Vater, Großmutter und Großvater und der Vater aller Väter! Welche Mutter, welcher Vater lebt denn für etwas anderes als für seine Kinder und Enkel. Genauso der Vater aller, gelobt sei sein Andenken!

Wenn das in Deiner Zeit keiner mehr lehrt, dann achte, mein Kind, nur auf die Sprache! Die Ahnen lassen ahnen! In der Sprache wird das Wissen aller Generationen gespeichert. Achte auf die Sprache. Ihre Kinder, die Wörter, sind die tiefsten Brunnen des alten Wissens.

So kann ich mir vorstellen, wenn ich nicht mehr hier bin, Dich längst nicht mehr in meinen sichtbaren Händen halten kann, werde ich Dich wohl eines fernen Tages etwas ahnen lassen, was Dir kein Computer vorhersagen kann. Du wirst es spüren als Angst, als Hauch, als Schauer, als Traum, als Unruhe, als Begeisterung, als Zufall, als Hilfe aus einer anderen Welt und Wirklichkeit. Genauso wie mich jetzt in diesem Augenblick meine Ahnen, meine Großeltern und Urgroßeltern, von Dir etwas ahnen lassen als Wissen und Gewißheit aus einer anderen Welt. Du wirst kommen, sagen sie! Du wirst sein! Du bist im Werden. Und Werden ist Sein! Ist dieses Urwissen einer ganz anderen Wissensübertragung in Deiner neuen Welt der Datenfluten ganz in Vergessenheit geraten? Also verschwunden, nicht geübt und nicht trainiert? Wißt Ihr noch etwas vom anderen Wissen über die umfassendere Wirklichkeit? Wißt Ihr noch in Eurem neuen Jahrtausend, daß wir das Wissen vom Anfang der Welt nicht aus Physikdateien und Softwareprogrammen, sondern aus unseren Träumen bekommen haben? Fast ebenso exakt? Nein exakter! Wir träumten Form und Sinn des Lebens, das sich im Laufe der Jahrtausende nur auffüllt. Wir wußten aus unseren Ahnungen und Träumen schon seit vier-, fünftausend Jahren, daß die Welt sich entwickelt hat wie eine Zelle. Zuerst das Tohuwabohu, das Chaos! Und dann das ganze Material, die Materie, die Mutter des Lebens, alles in einem. Und dann immer mehr Differenzierung. Zuerst der Himmel und die Erde, dann Wasser und Land, Pflanzen und Tiere, und so weiter und so weiter, Du weißt schon! Und in jeder neuen Zelle die Information und gesammelte Erfahrung der alten. So, genau so gibt auch jede Menschengeneration ihre Erfahrung weiter. Kein Tag ist vergessen, keine Nacht vergebens. Du hast sie alle. Du hast ihren ganzen Reichtum zur Verfügung. Nutze sie! Vertraue ihnen! Sie gehören Dir!

Glaubt Ihr in Eurem neuen Jahrtausend noch daran, daß wir in unseren Träumen auch schon das Ende des Planeten sehen konnten? Wir sahen Bilder. Und wir deuteten sie. Zuerst werden die Kämpfe kommen, das Aufeinanderprallen aller Gegensätze, das Gute gegen das Böse und dann die Versöhnung! Sie kommt völlig unvermutet. Sie kommt aus einem blutroten Untergangshimmel. Ein Seher hat es vor zweitausend Jahren Bild für Bild, Eindruck um Eindruck, Traumbild für Traumbild, aufgeschrieben. Und seit dieser Zeit entfaltet sich der Traum vom guten Ende dieser Welt. Es ist alles aufgeschrieben in den Heiligen Schriften der Juden und Christen. Aber auch andere große Seelen haben fernab von unserer Kultur ähnliche Bilder gesehen. Aber wer weiß, ob man sich in Deiner Zeit noch daran erinnert? Vieles, was Müttern und Väter einmal heilig war, liegt mittlerweile in den Wüsten der Welt, verweht vom Sand und der Zeit. Nichts ist heilig, außer der Heilige selber, der alles in Bewegung setzt und auch Dich bewegt zu kommen. Komme bald!

Ich ahne also, daß Du kommen wirst. Aber ich weiß es nicht. Aber ER wird es längst wissen, ob Du kommst und wann Du kommst und wie Du kommst. ER, den ich in meinen Gebeten und Hilferufen den Vater des Lebens nenne, die Wurzel aller Wurzeln, den Schöpfer aller Dinge, den meine Mutter und mein Vater schon um Hilfe riefen, wenn der Boden der Realität auf dieser Erde zu dünn wurde, um darüber zu laufen und der Himmel zu hoch und zu weit. ER weiß es längst. Und vom Vater meiner Mutter, also von Deinem Ururgroßvater, weiß ich, daß er ihn schon all seine achtzig Jahre lang um Hilfe und Beistand, Trost und Belehrung angerufen hat. ER weiß, daß Du kommst, mein Kind! Ja, komme bald!

Ach was, ER weiß es nicht, wie jemand etwas weiß. ER weiß es, weil ER es weiß. ER ist das Wissen selbst, das die Zeit nicht braucht, um wirklich zu werden. Wie ein Radarstrahl auf einem dunklen Monitor hebt er für ein paar Bruchteile einer Millisekunde alles ins Licht und ins Erkennen, was vorher schon im Dunkeln da war und das, was kommen wird, weil es immer schon da war. Und genau dahin richte ich jetzt mein Herz, um Dich zu finden, in der Dunkelheit der Zukunft, die längst schon da ist.

Dieser Brief könnte ein Schatz für Dich sein. Ich wünschte es sehr. Aber ich weiß es nicht. Ob etwas ein Schatz ist oder nur Dreck, hängt immer von dem ab, der ihn zu einer bestimmten Zeit an einem bestimmten Ort findet. Wo hast Du ihn gefunden? Hat Deine Mutter ihn Dir von mir gegeben, als es Zeit wurde? Oder hat die Zeit dafür gesorgt, daß Du ihn so bekamst? Ist er wie eine Flaschenpost zu Dir gekommen, die man in unseren Zeiten mit einer Botschaft ins Meer wirft wie ein Gebet in den Himmel. Irgendwo in der Welt, an ganz neuen unbekannten Ufern soll sie liegen und Hilfe sein. Wenn Du ihn durch Zufall fandest, dann müßtest Du nach all dem, was ich Dir schrieb, wissen, daß es keinen Zufall gibt. Der Brief fiel auf Dich zu, weil es Zeit war, daß Du ihn bekamst. Nimm ihn. Er wurde Dir zugestellt. Das Leben sorgt für Dich. Alles kommt zu seiner Zeit, sagt das alte heilige Wissen. Du weißt, denke ich.

Und so scheint mir im Grunde auch das Leben zu laufen. Wenn man so jung ist wie Du, wenn die Welt also noch vor einem zu liegen scheint, dann rennt man los und meint, all die vielen Millionen Schritte durchs Leben selber gehen und entscheiden zu können. Aber wenn man später einmal auf seinen Lebensweg zurückschaut, kommt es einem so vor, als wenn auch noch der letzte Schritt in die falsche Richtung doch zu all den anderen passen würde. Merkwürdig! Aber wenn bei der Rücksicht aufs Leben jeder Tag und jede Nacht zu den anderen paßt und Sinn und Bild ergibt, dann muß das Leben in einer Ordnung abgelaufen sein, die ich selber nicht kenne. Das wird mir, längst in meiner zweiten Lebenshälfte angelangt, langsam klar. Also, vergiß nicht mein Kind, daß einer, der Dich liebt, und Dir weit voraus und gleichzeitig weit hinter Dir ist, etwas über den Lebensweg »durchfunkt«: Wie der schwere Weg weniger entschieden als gelassen gegangen werden kann. Es kann so wichtig sein!

Grüße Deine Mutter von mir. Gib Ihr einen flüchtigen Kuß von mir. Sie hat so manches von mir, das Du sicher erkennen wirst, wenn Du sie liebst.

Sei gesegnet,

Dein Großvater Jürgen

Heide Simonis wurde am 4. Juli 1943 in Bonn geboren. Sie studierte Volkswirtschaft und Soziologie an den Universitäten Erlangen, Nürnberg und Kiel. Im Anschluß daran arbeitete sie als Lektorin für Deutsch an der Universität Lusaka in Sambia, später als Tutorin am dortigen Goethe-Institut. Nach einem Aufenthalt in Tokio, wo sie als Marketing-Researcherin tätig war, kehrte sie 1972 nach Kiel zurück und arbeitete als Berufsberaterin beim Arbeitsamt.

Heide Simonis trat 1969 in die SPD ein. Sieben Jahre später wurde sie in den Deutschen Bundestag gewählt. Dort war sie Mitglied im Fraktionsvorstand und Fraktionssprecherin im Haushaltsausschuß. 1988 wurde Heide Simonis zur schleswig-holsteinischen Finanzministerin ernannt. Seit 1993 ist sie Ministerpräsidentin von Schleswig-Holstein. Heide Simonis ist verheiratet.

Liebe Henrike, liebe Sare, lieber Niklas, lieber Lasse, lieber Lennart,

Eure Mütter und Väter arbeiten jeden Tag in der Staatskanzlei mit mir zusammen. Ihr fünf gehört zu unseren »Amtskindern«, wie wir Euch spaßeshalber immer nennen. Es macht mir Freude zu sehen, wie Ihr größer werdet, Neues entdeckt, Blödsinn macht und bei jedem Besuch hier wieder ein Stück selbständiger geworden seid. Manchmal denke ich darüber nach, was Euch wohl erwartet, wenn Ihr erwachsen seid. Wie wird Eure Zukunft aussehen? Wo werdet Ihr später leben? Was von den Dingen, die mir heute wichtig sind, hat dann noch Bestand?

Besonders außergewöhnliche oder sehr seltene Ereignisse, ganz egal ob gute oder schlechte, regen Menschen zu solchen Gedanken an. Dann gibt es viele Diskussionen in der Öffentlichkeit; Zeitungen und Fernsehprogramme sind voll mit Berichten zu dem Thema und die Leute regen sich ziemlich auf.

Das Jahr 2000 ist so ein Ereignis. Und es ist auch der Anlaß, warum ich Euch diesen Brief schreibe. Heute seid Ihr noch zu klein, um zu verstehen, was ich Euch hier schreibe. Der Jüngste von Euch, Lennart, ist gerade erst ein halbes Jahr alt. Aber vielleicht lest Ihr ihn 2015 oder 2018 selber noch einmal. Und vielleicht könnt Ihr dann mit dem, was ich Euch jetzt schreibe, etwas anfangen.

Inzwischen ist dieses Jahr 2000 schon mehrere Monate alt. Das Ende eines Jahrhunderts, der Schritt in ein neues Jahrtausend, hat für viel Wirbel gesorgt.

Prophezeiungen über den bevorstehenden Weltunter-
gang und über bahnbrechende technische und wissenschaftliche Fortschritte für die Menschheit haben sich
abgewechselt. Ich werde hier nicht im Kaffeesatz lesen
und so tun, als könne ich genaue Vorhersagen abgeben,
wie es in Deutschland und der Welt weitergehen wird.
So vermessen bin ich nicht. Obwohl es für Euch bestimmt
interessant wäre.

Ich will Euch lieber erzählen, was mir so durch den
Kopf geht, wenn ich das Treiben in der Welt heute so
betrachte: Wir stecken mitten in einem radikalen Wandel. Alles verändert sich und das in einem irrwitzigen
Tempo! Es geht längst nicht mehr nur um die Globalisierung der Wirtschaft. Fast jeder Bereich des Lebens
wird davon berührt: Arbeit und Politik, die Bindungen
an eine Familie und an einen Wohnort, Kunst und Kultur wandeln sich. Die Menschen reisen mehr, sind häufig
hoch qualifiziert und haben freien Zugang zu den weltweit fließenden Informationen. Trotzdem verliert viel
von dem, was wir zu wissen glaubten, seine Gültigkeit.
Gewißheiten, mit denen meine Generation noch aufgewachsen ist, sind heute brüchig. Für Euch sind sie
kaum noch eine Hilfe, um in der Zukunft zurechtzu-
kommen.

Heißt das, daß wir jetzt alles über Bord werfen müssen,
was wir gelernt haben, was uns wichtig ist und woran
wir glauben? Ich glaube nicht, daß das funktioniert! Ich
bin sicher, daß die Menschen auch im 21. Jahrhundert
Werte brauchen. Werte, an denen sie sich orientieren
können und auf deren Grundlage sie ihr Zusammenleben organisieren.

Jeder von Euch muß früh Entscheidungen treffen, die das weitere Leben prägen. Aber niemand kann Euch sagen, wie lange sie gültig sein werden und ob Ihr den richtigen Weg nehmt. Das Risiko des Scheiterns gehört immer mit dazu. Unter diesen Voraussetzungen ist es nicht leicht, erwachsen zu werden. Ihr fragt Euch: Welchen Schulabschluß soll ich machen? Welchen Ausbildungsplatz bekomme ich? Gründe ich eine Familie oder hindert mich das zu sehr an der notwendigen Mobilität auf dem Arbeitsmarkt? Wie sorge ich für Alter und Krankheit vor?

Wir leben schon jetzt in einer Zeit, die dem Einzelnen so viel individuelle Freiheit und Alternativen für sein Handeln anbietet wie keine andere Epoche zuvor. Ihr könnt allein leben oder zu zweit, mit Kindern oder in einer Wohngemeinschaft, in der Großstadt oder auf dem Land. Es steht Euch frei zu studieren oder eine Lehre zu machen, zu reisen oder für eine Weile im Ausland zu wohnen, Ihr könnt Euch neben dem Beruf weiterqualifizieren, in einem Verein engagieren oder den ausgefallensten Hobbies nachgehen. Das ist eine unglaubliche Chance! Ihr habt wirklich die Wahl! Aber das heißt auch: Ihr müßt wählen! Diese Verantwortung für Euer Leben nimmt Euch niemand ab. – Ich glaube auch gar nicht, daß Ihr das zulassen würdet.

Und diese Situation wird sich in Zukunft noch zuspitzen und zwar für alle, nicht nur für Kinder und Teenager von heute. Wenn die alten Werte und Traditionen nicht mehr tragen, woran kann man sich dann orientieren? Wonach entscheidet man, was richtig und falsch ist? Gibt es noch gemeinsame Werte, die von allen akzeptiert werden?

Während ich Euch diesen Brief schreibe, habe ich darüber nachgedacht, welche Werte mir selbst wichtig sind. Meine Antwort ist natürlich sehr subjektiv, ein Angebot zum Nachdenken. Vielleicht findet der eine oder die andere einen Punkt interessant und kommt zu dem Schluß, daß er ganz vernünftig ist und in das eigene Konzept paßt. Aber auch die entgegengesetzte Reaktion kann konstruktiv sein. Wenn Ihr Euch später fragt: »Was hat sie da nur geschrieben? Ich sehe das völlig anders!«

Ob Einverständnis oder Widerspruch, es kommt darauf an, daß Ihr Euch klar darüber werdet, was für Euch wichtig ist, für welche Werte Ihr Euch in unserer Gesellschaft und in der Zukunft einsetzen wollt.

Für mich sind es vor allem drei Werte oder Eigenschaften, die unser Handeln bestimmen: Menschlichkeit, Verantwortung und Neugier. Gleich ob man in der Geschichte oder in der Gegenwart sucht, überall tauchen diese drei Motive auf, wenn es um positive Entwicklungen und Fortschritte der Menschheit geht. Die negativen und bösen Motive für unser Tun lasse ich bewußt außen vor, kluge Leute haben mit ihnen ganze Bibliotheken gefüllt.

Viele andere Werte wie Gerechtigkeit, Zivilcourage, Toleranz oder Leistungswillen lassen sich von den dreien, die ich gerade genannt habe, ableiten. Auf den ersten Blick wirken sie ziemlich abstrakt. Wahrscheinlich werdet Ihr sie in Eurem Leben so oft in Sonntagsreden hören, daß sie nur noch wie leere Hüllen wirken. Aber wenn Ihr genauer hinseht, gewinnen sie Profil, und Ihr könnt sie auch im Alltag wiederfinden.

Menschlichkeit ist in diesem Dreiklang sicher der am wenigsten greifbare Begriff. Man könnte auch sagen der schwammigste, der sich leicht mißbrauchen läßt. Ich halte sie aber für den wichtigsten Wert, auf dem unser Zusammenleben aufbaut. Deshalb stelle ich sie hier an den Anfang. Jeder Mensch hat ein Recht auf ein Leben in Würde, weil er Mensch ist, ohne daß eine weitere Begründung nötig ist. Diese Rechte dürfen ihm nicht genommen werden, ganz gleich, was er tut oder wo er lebt. Sie sind unabhängig von Alter, Geschlecht, Herkunft, Besitz, Fähigkeiten oder sonst irgendeiner Kategorie. Das ist der Anspruch; die Wirklichkeit sieht leider zu oft anders aus.

Heute, im Jahr 2000, werden in vielen Ländern Kriege geführt. Menschen verlieren ihre Heimat und müssen fliehen, Diktatoren lassen foltern, vergewaltigen und treten die Menschenrechte mit Füßen. Kinder verhungern in Afrika und Asien. Aber wir dürfen uns nichts vormachen: Die Mißachtung des Rechtes auf Leben und Würde ist kein Problem, das sich auf die sogenannte »Dritte Welt« oder einige wenige verbrecherische Regime beschränkt.

Die gerade beendeten Kriege im ehemaligen Jugoslawien und im Kosovo haben uns gezeigt, daß auch am Ende des 20. Jahrhunderts Kriege in Europa nicht endgültig überwunden sind. Auch in den westlichen Demokratien prangern Menschenrechtsorganisationen wie »amnesty international« oder die »Gesellschaft für bedrohte Völker« immer wieder Verstöße an. Ich finde es erschreckend, daß in den Vereinigten Staaten von Amerika, einem der höchstentwickelten Länder der Erde, noch immer die Todesstrafe gilt und in zunehmendem Maße auch vollstreckt wird. Eine Mehrheit der Amerikanerinnen und Amerikaner befürwortet, daß der Staat einem Menschen als Vergeltung für ein schweres Verbrechen sein Leben nimmt. Aber auch in Deutschland kocht das Thema immer wieder einmal hoch, wenn die Medien über brutale Verbrechen berichten. Ich bin mir nicht sicher, wie ein Volksentscheid zu dieser Frage bei uns ausgehen würde.

Doch wenn ich darüber nachdenke, was Menschlichkeit heißt, muß es gar nicht immer um Leben und Tod gehen. Oft ist sie viel weniger spektakulär als die Sorge um Flüchtlinge, hungernde Kinder oder Katastrophen-Opfer. Im Alltag geht es um den Obdachlosen, den ich in der Einkaufsstraße treffe, die verwirrte alte Frau neben mir im Bus oder den Fremden, der sich in unserer Stadt, unserem Land nicht auskennt. Ihre Schwäche nicht auszunutzen, sondern ihre Würde zu achten und ihnen mit Respekt zu begegnen, darin zeigt sich für mich, ob wir menschlich miteinander umgehen.

Verantwortung, der zweite Wert, der mir wichtig ist, hängt eng mit der Mitmenschlichkeit zusammen. Ich gebe zu, daß er ebenso wie »Pflicht« ein bißchen aus der Mode gekommen ist. Das Gerede von der Ellenbogen-Gesellschaft, dem rücksichtslosen Individualismus der jüngeren Generationen und dem Verfall traditioneller Werte hat in der Öffentlichkeit viele Anhänger. Aber wie das so ist mit Schablonen, sie wurden der Wirklichkeit nicht gerecht.

Viele Mädchen und Jungen zeigen heute Zivilcourage und treten für andere ein, auch wenn sie damit manchmal anecken. Ein gutes Beispiel dafür sind die Schüler-Teams in Schleswig-Holstein, die gemeinsam mit Lehrerinnen und Lehrern auf den Schulhöfen dafür sorgen, daß Streitereien ohne Gewalt ausgetragen und daß Schwächere nicht erpreßt und geschlagen werden.

Aber man kann in allen Bereichen unserer Gesellschaft junge Leute finden, die sich freiwillig für einen gemeinnützigen Zweck engagieren, im Sportverein, im Umweltschutz, beim Deutschen Roten Kreuz, der Freiwilligen Feuerwehr oder sonst irgendwo. Ihr Jungen verhaltet Euch im Allgemeinen genauso verantwortungsvoll wie wir Alten.

Gleichzeitig müssen wir alle heute mehr Verantwortung für das eigene Tun übernehmen als je zuvor. Wir haben unglaublich viele Möglichkeiten, unser Leben selbst zu bestimmen, unabhängig von äußeren Autoritäten oder starren Traditionen. Bei den meisten Entscheidungen in meinem Leben habe ich die freie Wahl. Daraus entsteht aber auch die Pflicht, für das, was ich tue, gerade zu stehen. Das gilt für mich und für Euch ebenso wie für Unternehmen, Kommunen, Institutionen oder Regierungen. Wenn bei uns in Deutschland die Kaffee-Preise sinken, freuen wir uns als Käuferinnen und Käufer natürlich. Aber für die Bäuerinnen und Bauern in Brasilien oder Ägypten bedrohen die niedrigen Preise ihre Existenzen.

Globalisierung bedeutet nicht nur, daß Kapital und Informationen in Sekundenschnelle um die Erde wandern oder daß wir in wenigen Stunden von Deutschland aus in den USA, in Australien und Sibirien sein können. In unserer eng vernetzten Welt gibt es auch eine globale Verantwortung. Sie spielt schon jetzt eine große Rolle, die in Zukunft noch weiter wachsen wird.

Solange wir aber über die Zusammenhänge in der internationalen Politik und Wirtschaft, über die Kultur und Geschichte unserer näheren und weiteren Nachbarn nichts wissen, fällt es schwer, sich verantwortlich zu fühlen und sich auch so zu verhalten. Doch Nichtwissen ist keine Ausrede. Wer Interesse am Fremden und Neuen hat, kann überall Informationen bekommen. Voraussetzung ist allerdings die letzte Eigenschaft in meinem Dreiklang: die Neugier.

Eigentlich wird Neugier ja als Unart betrachtet. Bei Euch Kindern finden wir sie ja noch ganz niedlich, aber neugierige Mitmenschen sind uns sonst eher lästig. Dabei ist sie ungeheuer wichtig. Ohne den Wissensdurst, den Spaß am Lernen und Ausprobieren gäbe es keinen wissenschaftlichen und technischen Fortschritt. Amerika und das Penizillin wären nie entdeckt worden. Wir würden noch immer glauben, die Erde sei eine Scheibe. Aber glücklicherweise gibt es auch Leute, die Neugier positiv sehen. Bei uns in der Staatskanzlei arbeitete im letzten Jahr eine Praktikantin aus Schweden, Marie. Sie hat mir einmal gesagt: »Natürlich bin ich neugierig. Ich bin schließlich interessiert an den Dingen.« Treffender kann man es nicht sagen.

Wer neugierig ist und sich für fremde Länder, Menschen und Gedanken interessiert, reaktiviert die eigenen Erfahrungen. Ich habe einige Jahre in Japan und Sambia gearbeitet. Während dieser Zeit bin ich vielen Menschen begegnet, die eine andere Mentalität und ein anderes Lebensgefühl hatten als ich. In dieser Zeit habe

ich etwas sehr Grundlegendes gelernt: Mein westliches
Weltbild ist nicht das Maß aller Dinge. Die Menschen in
anderen Regionen der Erde ordnen ihr Leben nach
Regeln, die mir vielleicht fremd sind, die jedoch trotzdem funktionieren.

Diese Einsicht ist eine gute Grundlage für Toleranz und
Verständnis in einer Gesellschaft, in der so viele ver-
schiedene Kulturen zusammenleben wie in Deutschland. Sie bedeutet nicht, wegzuschauen, wenn Menschenrechte unter dem Vorwand der Tradition verletzt
werden. Die Beschneidung von Mädchen und Frauen,
Blutrache oder Witwenverbrennung sind keine kulturellen Eigenarten. Sie sind Verbrechen, die wir nicht aus
falsch verstandenem Respekt vor fremden Traditionen
entschuldigen dürfen.

Für mich als Politikerin ist es im Grunde unerläßlich,
offen zu sein für neue Entwicklungen aus Gesellschaft,
Kultur und Wissenschaft. Zur Neugier gehört auch das
Zuhören-Können und Zuhören-Wollen. Was denken die
anderen? Welche Ideen haben sie und was kann ich
davon vielleicht umsetzen? Im Alltagsgeschäft kommt
das manchmal zu kurz. Neue Vorschläge werden fast
reflexhaft niedergemacht und landen auf dem Index, nur
weil sie erst einmal ungewöhnlich klingen oder nicht so
hoppla-hopp in die Tat umsetzbar sind. Die Ansprüche
an einen Lösungsansatz werden so hoch geschraubt, daß
sie nur schwer zu erfüllen sind.

Wenn wir in Schleswig-Holstein zum Beispiel eine Idee
haben, was man gegen die dauerhafte Arbeitslosigkeit
von Menschen mit geringerer beruflicher Qualifikation
tun kann, bekommen wir zu hören: »Das Modell

funktioniert aber nicht im Ruhrgebiet, und in der Lausitz auch nicht!« Soll es auch nicht unbedingt; die Leute dort haben eigene gute Ideen, die zu ihrer Region passen. Aber man muß über solche Modelle nachdenken und sie auch ausprobieren dürfen. Wir hätten viel gewonnen, wenn diese Form der Neugier und Offenheit bereits heute etwas weiter verbreitet wäre, nicht erst in der Zukunft. Vielleicht haben wir ja Glück, und die Politikerinnen und Politiker aus Eurer Generation haben damit keine Probleme mehr!

Die Welt, in der wir heute leben, und in der Ihr morgen leben werdet, ist alles andere als perfekt. Vieles von dem, was die Menschen im 20. Jahrhundert für unverbrüchliche Wahrheiten und Tugenden hielten, hat sich ins Gegenteil verkehrt. Immer wieder wurden Werte wie Gehorsam, Patriotismus oder der Respekt vor Autoritäten mißbraucht, um Engstirnigkeit, nationale Überheblichkeit und mangelnde Zivilcourage zu rechtfertigen. Es ist für mich deshalb sinnlos, an einem starren Wertekanon zu hängen, nur weil meine Eltern oder Großeltern ihn irgendwann einmal für verbindlich erklärt haben. Eine gesunde Portion Skepsis ist da sehr hilfreich. Ich wünsche Euch, daß Ihr reichlich davon habt!

Statt aus Bequemlichkeit an Traditionen festzuhalten, sollten wir lieber versuchen, uns über Werte zu verständigen, die dem tiefgreifenden Wandel in der Zukunft standhalten. Welche das für mich sind, habe ich Euch hier erzählt: Menschlichkeit, Verantwortung und Neugier bilden eine stabile Grundlage. Sie überstehen selbst solche Phasen in der Geschichte, in denen sie vergessen scheinen oder in denen anderes für wichtiger gehalten wird. Ich denke an die Zeit des Nationalsozialismus und seine schrecklichen Verbrechen. Aber nach 1945 haben wir in Deutschland erfahren, daß selbst diese furchtbare Zeit ihnen nichts anhaben konnte. Deshalb bin ich zuversichtlich, daß sie sich auch im nächsten Jahrtausend behaupten.

Nach einem Sinn in ihrem Leben werden Menschen immer suchen, egal wie flexibel, mobil und individualistisch sie sich geben. Woran soll ich mich orientieren? Was ist wirklich wichtig? Religionen und Ideologien haben in der Moderne an Bindungskraft verloren. Doch die Sehnsucht bleibt. Beleg dafür ist der Boom, den Sekten, New Age und Esoterik-Themen seit Jahren erleben. Die Frage, was unsere Gesellschaft zusammenhält, ist trotz zahlreicher Bücher, Zeitungsserien und Seminare nicht beantwortet. Wir müssen sie uns immer wieder stellen.

Auf Euch, die Ihr in diesem neuen Jahrtausend erwachsen sein werdet, kommt es zu, immer wieder nach neuen Antworten zu suchen; nicht nur bei einmaligen Anlässen wie dem Millennium.

Rupert Neudeck wurde am 14. März 1939 in Danzig geboren. Im Anschluß an ein Noviziat im Jesuiten-Orden studierte er Theologie und Philosophie. Nach seiner Arbeit als freier Journalist ging er 1977 als Redakteur zum Deutschlandfunk in Köln. 1979 gründete er zusammen mit Heinrich Böll u. v. a. das Komitee »Ein Schiff für Vietnam«. Daraus wurde 1982 das Komitee »Cap Anamur/Deutsche Not-Ärzte e. V.«, dem Rupert Neudeck vorsteht. Nach dem Prinzip, Menschen in Not unabhängig von jeder Politik oder Ideologie zu helfen, organisiert er bis heute Projekte in vielen Ländern. In zahlreichen Veröffentlichungen schilderte Rupert Neudeck seine jahrelangen Erfahrungen mit notleidenden Menschen. Für seine Initiativen wurde er mehrfach ausgezeichnet.

Rupert Neudeck ist verheiratet und hat drei Kinder.

Liebe Lea,

Du hast mich nicht gefragt, weshalb ich denn das
mache, die Hilfsarbeit für Flüchtlinge. Aber ich habe
mich das gefragt, als wir mal zusammen waren – nein
nicht in der Kirche, da gehst Du ja nicht mehr hin.

Ich war im letzten Jahr zur österlichen Zeit in der Nähe
der Mazedonien-Grenze bei Blace und mußte mit geballten Fäusten in der Tasche zusehen, wie zigtausende
Kosovaren da aus den Zügen an der Rampe von Blace
ausgeleert und in diese Schlamm-Dreck-Urin-Wüste
gekarrt wurden.

In Albanien das gleiche Elend. Nein Lea, ich werde einen
Teufel tun und Dir Tugendpredigten halten, Werte usw.
Nein, aber mir ist in diesen Wochen und Monaten mit
den Schmuddelkindern klar geworden: Ihr in Eurer Generation werdet das alles besser machen. Oder auch besser
machen müssen, damit Ihr vor Euch bestehen könnt.

Ich kann nach diesen letzten Jahrzehnten nicht sagen,
daß es gelungen wäre, etwas wirklich zu verbessern,
nachhaltig ...

Ja, die Karawane war nicht enden wollend. Sie hörte nicht
mehr auf – den Berg von Morina rauf, dann die Serpen-
tinenwindungen runter, dann wieder hoch, dann ganz
tief herunter in Windungen auf die Stadt Kukes, die be-
rühmt gewordene Grenzstadt, die schon etwas geleistet
hat, was sich ein Mitteleuropäer ja gar nicht vorstellen
kann: Sie hatte etwa zehnmal soviele Menschen aufge-
nommen, wie sie »normal« an Einwohnern hatte.

Das haben wir alle nicht genau erfahren, weil es für
unsere ordentlichen Ohren schon ein bißchen greulich

war und alle üblichen Kriterien und Standards außer Kraft setzte. Aber diejenigen, die es hätten melden und die Welt alarmieren sollen, saßen in einer wohlbehüteten Enklave, in dem einzigen Hotel am Platz, dem Hotel Tourismus, und wagten gar nicht mehr, da herauszukommen.

Dann aber, ab dem 12. Juni 1999, war es soweit. Die Flüchtlinge aus dem Kosovo machten sich auf den Weg, mit Traktoren, deren Motoren sie mühselig in den Flüchtlingslagern wieder zusammenflickten, auf Leiterwagen, mit Pferden, in PKWs der abenteuerlichsten Bauart, manchmal auf drei Rädern und einer Felge. Oft packten sie das Zelt und die Habseligkeiten, die ihnen die humanitäre Organisation gegeben hatte – Decken, Schlafsack, Zahnbürste – zusammen und zogen zu Fuß einfach los, ohne mehr zu fragen. Denn sie wollten in ihren geliebten Kosovo, ihr geliebtes unvergeßliches Heimatland wieder zurück. Sie zogen los, ohne irgendeine Behörde – welche auch? – zu fragen, ob sie denn einen Reise- oder Rückkehrzuschuß bekommen könnten, eine Diesellieferung für die Reise, oder Milchpulver und Aspirin, um die mühseligen 50 km bis Prizren oder die 74 km bis Suvareka oder die 15 km bis Zur zu überstehen.

Der UNHCR verteilte Zettel an der Grenze, als die Flüchtlinge sich in diesem riesengroßen, nicht enden wollenden Mahlstrom über die Grenze bei Morina hinüberschoben und auf der anderen Seite statt der verhaßten serbischen Spezialpolizei nur noch die Nemacka Vojska, die deutsche Armee, stand. Auf den Zetteln wurden Flüchtlinge davor gewarnt, allzu schnell in ihren Kosovo zurückzugehen, denn das Land sei gänzlich vermint, die Häuser ständen nicht mehr, es gäbe noch nichts zu essen. Die Flüchtlinge konnten darüber nur müde lächeln, denn was sollte ihnen denn das sagen. Der Flüchtlingskommissar, der sie vor einem Monat schon aus Kukes hatte evakuieren wollen, der wollte sie jetzt noch abhalten, in das geliebte Kosova zurückzugehen?!

Aber die Kraft, die in dieser Rückkehr zum Ausdruck kam, die habe ich, liebe Lea, unserem Europa doch gewünscht. Auch die Kraft, mit der wir uns noch einmal wehren konnten gegen die Zumutungen der Tarifordnungen und der Standards, nach denen ein Flüchtling ja erst jemand ist, der in irgendwelchen Papieren untergetaucht ist, in schwierigen Verfahren, welche die Spontaneität nicht mehr zulassen, von der aber das Evangelium ausgeht.

Die Kritik an diesen Verfahrensordnungen ist viel zu mickrig oder unterbelichtet. Denn im Evangelium steht es ganz klar: Derjenige, der da von Jerusalem nach Jericho ging, und unter die Räuber fiel, den hat keine Behörde, kein Evakuierungsteam der GTZ oder des DED erst einmal besucht, um – wie so schön bei den journalistischen Mundwerksburschen der Hilfe zu erfahren – eine Struktur in die Hilfe zu bringen. Da gab es keine Studien und keine »assessment studies«, der lag da einfach herum und war – wie es in dieser verdammt wahren Sprache ausgedrückt ist – »unter die Räuber gefallen«. Ja, so ähnlich hatten wir das ja auch erlebt: Tausende, Zehntausende waren in Blace und dann noch Gründonnerstag und Karfreitag in Mazedonien an der Grenze unter die Räuber gefallen. Die Räuber waren ziemlich unverschämt. Niemand hatte geahnt, daß die

Polizei an der mazedonischen Grenze über Nacht die Rolle der Räuber übernehmen würde. Gibt es doch auf der Welt auch die Sorte Räuber, die ihre Rolle per Auftrag des Staates und der zuständigen Regierung ganz ordentlich übertragen bekommt und die Quälerei von Menschen in Not damit um so geruhsamer und weniger gewissensbelastet durchführen kann. Die Unverschämtheit war jedenfalls da und der Skandal: Die ordentlichen Grenzpolizisten wurden zu Räubern, unter welche die über 50 000 erschöpften Flüchtlinge aus dem Kosovo fielen – zu Ostern 1999.

Die Räuber waren nämlich im ordentlichen Zivilberuf Grenzpolizisten. Niemand hatte sie darauf vorbereitet, daß sie plötzlich über Nacht zu Räubern werden würden und über 50 000 Menschen an diesem Platz in ihren Schmerzen, Wunden, Leiden, in der Kälte, dem Uringestank, der ausbrach, weil ja in der Schlammwüste des Grenzortes Blace keine Toiletten waren, verrecken ließen. Ja, die Räuberei war nicht konventionell und lehrbuchhaft. Es waren Beamte, bewaffnet nach den Regeln der Monopolbewaffnung eines ordentlichen Staates, und diese Beamten wurden von ihrem Staat für fünf Tage zu Räubern gemacht.

Ja, das ist dann die Situation, die Lage, wie der alte Adenauer gesagt hätte, da muß man sich und dem Nachbarn beweisen, ob man diese Botschaft da nur gehört hat, sie schön, sie intellektuell und literarisch, ja eigentlich ganz ansprechend gefunden hat. Da hat der – wie hieß der Autor noch mal – ja, dieser komische Jesus Christus den Instanzen ja ganz schön eins ausgewischt. Das knallte ja richtig. – Ach ja, Lea, Du bist ja erst nach diesem ersten Bundeskanzler geboren. Bis heute fasziniert er mich: Es war immer klar, was zu tun war, und er sagte es so klar. »Meine Damen und Herren, die Frage ist doch: Wir haben zu wählen zwischen Freiheit und Sklaverei. Wir wählen die Freiheit!«

Von Prishtina nach Blace – liebe Lea, Du hast mitgekriegt: Ich bin sauer, enttäuscht: Der UNHCR war nicht der Samariter in Blace!

Immer denke ich, wenn wieder so etwas geschieht, wenn Menschen vor unseren Augen getreten, gequält werden, dann müßten die Kirchen schließen und die Bischöfe vor Ort sein und so lange im Gebet bleiben, bis dieser Zustand beendet und aufgehoben ist. Aber das ist auch eine Träumerei, die Ihr, Deine Generation Lea, erst wird wahrmachen können!

Ja, aber hier in Blace gab es die Frage, die das Evangelium noch gar nicht gekannt und berührt hatte. Kannte doch das altmodische Neue Testament noch keine Tarifordnungen, keinen BAT, keine AOK- und Angestelltenversicherungen, keine verbrieften Urlaubsansprüche, die unter Strafe des Verlustes der Urlaubstage noch in diesem Jahr einzulösen sind, weil sie sonst verfallen. Kurz: Haben wir nun – so fragten sich die Mitarbeiter des Genfer UNO-Flüchtlingskommissariats UNHCR – ein Recht auf die Osterferien, oder haben wir das nicht? Von Jerusalem nach Jericho. Das heißt hier, von Prishtina zur Grenzstation »General Jankovitsch« und nach Blace. Für viele sind die Tarifordnungen die wichtigsten Bestandteile der Ordnung. Die Ordnung der Welt besteht aus den Wochentagen und den Feiertagen. Zum Beispiel in den Botschaften ist das ordentlich geregelt.

Da kann an der Grenze des Landes die Welt zusammen-
brechen, um 15 Uhr wird Feierabend gemacht, und einen
Tag vor dem christlichen Fest, an dem das Abendmahl
eingesetzt wurde, beginnen in den Amtsstuben der
deutschen Botschaften auf der ganzen Welt Ferien, sechs
ganze Tage, denn dann ist Ostern, das liebliche Fest.

Aber da lagen die 50 000; wir fuhren hinaus mit unserem
Bus an diesem Karfreitag. Die einzigen, die auf ihre
Ferien verzichten mußten, waren die Journalisten, die
konnten diese starken Bilder nicht außen vor lassen. In
der Brotbäcker-Firma, nur 12 km von der Grenze mit
dem schönen Namen »Müsli Company«, trafen wir den
jungen Unternehmer; der hatte Sonderschichten einge-
legt. Wir packten schnell 10 000 Brote in die zwei Busse
und brausten los. Die mazedonische Polizei wollte uns
in Jerusalem abfangen, denn sie wollte eigentlich nicht,
daß den Verwundeten geholfen wird. Sie wollte erreichen, daß die Verwundeten auf diesem Platz dort aufgeschnappt und gleich weggeflogen werden. Sie wollte,
daß die Leichen dort nicht weiter auf ihrem Wege liegen.

Also fuhren wir durch, ließen uns nicht aufhalten. Es ist
Karfreitag, ja, die Mehrzahl dieser Leute sind Muslime.
Hat denn dieser Mann auf dem Wege von Jerusalem,
pardon, nach Blace gefragt, ob derjenige, der unter die
Räuber fiel, das richtige Gebets- und Parteibuch und
die richtige Hautfarbe hatte!? ...

Wir waren stumm, als wir diese Menschen sahen. Wir
brachten Brot, den einfachen Laib Brot für 27 Pfennige,
dann noch so etwas wie Brötchen, und dann hatten wir
Wasser-Plastikflaschen, Obst, Milch und Saft in das Auto

gepackt. Es kam niemand, auch nicht der Zuständige. Wer war denn auf dem Wege von Jerusalem nach Jericho der Zuständige?

Kurz, diejenigen, die da in einer Zahl von 55 000 Menschen unter die Räuber gefallen waren, bei denen kam der UNHCR vorbei – das ist der Weltzuständige für alle Flüchtlinge im Auftrag der Vereinten Nationen. Er sah sich das mal an und ging zurück, um im klimatisierten Aleksandar Grand Palace Hotel mit dem mazedonischen Innenministerium zu verhandeln, um in den quälenden Verhandlungen herauszukriegen, welche Organisationen in dieses kuriose Niemandsland hineindürfen und welche nicht.

Falsch, UNHCR. Die Gründungsurkunde dieser Arbeit ist nicht die Polizeikonvention oder die Vereinbarung der Räuber, diese Menschen im Dreck und im Regen liegenzulassen und sie weiter zu schikanieren, sondern dieses Neue Testament. Jedenfalls solange wir in Europa sind. Deshalb: Losgehen, ohne zu fragen. Losgehen, ohne irgend etwas zu fragen. Sofort hin mit Wasser, Brot, Medizin und den Menschen helfen.

Derjenige, der vorüberging und nicht half, war der UNHCR. Die Großen der Welt sind nicht geeignet, das zu tun, was die Selbstverständlichkeit erheischt. Jemandem, der unter die Räuber gefallen ist, muß man helfen. Der Limburger Bischof Kamphaus meinte in den Zeiten (Ende der 60er und Anfang der 70er Jahre), als wir die Welt in einem revolutionären Veränderungszustand wähnten und uns daran beteiligten, sie insgesamt und ganz und gar zu verändern: Man müßte auch die Räuberei beenden. Gut gebrüllt, Bischof, das wird aber heute,

1999, schon ein bißchen schwieriger?! Kurz: Es gibt keinen Grund, an dem verderbten Zustand der Welt zu verzweifeln. Es gibt nicht einmal viele Gründe, daran zu nörgeln. Immerhin leben wir – Lea, merke Dir das gut, denn das ist nicht überall so auf der Welt –, lebe ich in einer freien Gesellschaft und kann mein Maul aufreißen, so oft und so laut und heftig wie ich will. Wer meiner Mitmenschen kann das schon für sich beanspruchen.

Unter sogenannten Christenmenschen gibt es dann doch noch ein gutgemeintes Alibi, das sich in das Gewand der alten Theodizeefrage kleidet: Wie kann Gott das alles zulassen?

Lea, kennst Du den Moment, wo neunmalkluge Pfarrer Dir diese Frage stellen? Oder der Kirchenredakteur des Senders? Lea, in dem Moment mußt Du alles an Mißtrauen in Dir zu einer geballten Kraft zusammenziehen und dieser Versuchung, von uns und unserer Verantwortung absichtsvoll und frömmlerisch abzulenken, widerstehen.

Das letzte Mal stellte man mir diese vornehme Frage Ende Mai 1999 an dem Grenzposten Morina. Wir standen da, als die alten Kosovo-Albaner, die allerletzten, sich erschöpft über die Grenze schleppten, die 150 m Niemandsland langsam, dann aber immer schneller zurücklegten und einige sich auf den Boden warfen und ihn küßten, den Boden der Republik Albanien. Da war gerade ein Fernsehteam aus Hamburg dabei, die kamen auch noch aus einer – ja, wie soll ich sagen – aus einer Abteilung der ARD, die Religion und Kirche gepachtet hat. Und der Fernsehreporter meinte, mir die Frage stellen zu müssen, die ich ablehnte: »Wie kann Gott das zulassen?«

Da wurde ich wütend. Wieso Gott? Wir lassen das doch zu? Wir sind doch diese entsetzlichen Waschlappen, die jeden Abend Flugzeuge über diese Landschaft schicken, aber bitte in 5 000 m Höhe, die unerreichbar sein sollen für jedes Anti-Air-Geschoß, und wir gehen diesen Menschen nicht entgegen.

Weil in den letzten Tagen hier mal ein Schuß fiel, ist der UNHCR auch nicht mehr hier, sondern einen Kilometer entfernt. Als wir erfahren wollen, warum die soweit wegstehen, sagt die dicke, gut gepuderte, geschminkte und parfümierte Dame wirklich: »We are much more concerned about our security ...«

Wir hatten in dem ganzen Elend viel mehr Freude, da wir mit den Menschen zusammenlebten. Wir haben mit diesen Menschen in den Zelten gelebt, wir warteten hier auf ihre Rückkehr, und wir kämpften mit den Verantwortlichen der Vereinten Nationen, damit sie hierbleiben und sich auf ihre Rückkehr vorbereiten konnten.

Als dann der Moment kam, der Augenblick der großen Freude, wo sie zurückgehen konnten, da waren wir alle aus dem Häuschen. Die Deutsche Bundeswehr war dabei – auch ein Sternstundenerlebnis, das ich nicht für möglich gehalten hätte. Die Armee eines deutschen Staates: 60 Jahre nach dem Ausbruch der schrecklichsten und tiefsten Menschheitskatastrophe, verursacht und penibel organisiert von uns Deutschen, kam diese Armee als Befreier dieser Menschen von einem anderen faschistischen Alptraum.

Ja, ich habe mich darüber wirklich gefreut. Komme ich zurück in die heile, ordentliche, organisierte Welt – meistens landend in Frankfurt oder Düsseldorf oder Köln –, habe ich immer mein Damaskus-Erlebnis.

Ich weiß nicht, ob ich nicht auf dem Absatz kehrtmachen und wieder zurückgehen soll, dorthin, wo ich den Menschen ganz nah war. Unsere Barmherzigkeit besteht aus privilegierten und hochdotierten Zuständigkeiten. Wir helfen den Menschen nicht mehr, indem wir helfen, sondern indem wir papierne Vorgänge auf den Weg bringen, die irgendwo versanden. Denn das Prinzip der modernen Welt besteht im Verlegen, Verweisen, Weitergeben: Kobra übernehmen Sie. Die arbeitsteilige Welt ist so fein gefächert, daß jemand verbluten und verrecken kann, weil wir so schnell nicht den Zuständigen gefunden haben.

Wir leben gebeugt – ächzend unter Sachzwängen, die wir uns in einer Unmasse von Gesetzesnovellen und einem Wust von nicht mehr verstehbaren Experten-Sprachen abquälen. Das alles hindert uns beträchtlich. Besonders die entscheidende Fähigkeit, sofort und ohne Hindernis und ohne selbstverschuldetes Zögern für Menschen einzustehen, die vor unseren Augen zerhackt, ermordet oder zusammengeschlagen werden.

Lea, »Sachzwänge!« werden sie Dir immer zurufen, im Stabreim oder als gebundene Prosa. Sachzwänge – so meinen die Beamten unter den neuen Tarifreligionen – sollten das überhaupt Unschuldigste sein, was es gibt. Lea, keine Silbe an diesem Wort ist unschuldig. Es soll uns nur abhalten, den Ertrinkenden nicht zu retten, wenn wir es physisch könnten. Zum Beispiel die drei belgischen Nonnen, die von belgischen UNAMIR-Blauhelmen aus dem Ruanda Psychiatric Hospital von Ndera am 14. April 1994 herausgeholt wurden. Nur drei weiße, belgische Nonnen wurden evakuiert, obwohl noch ganz viel Platz auf den LKWs war, während die 900 Insassen plus Personal erschlagen, zerhackt – ja, mit der Machete zerhackt – und in ein stinkendes Massengrab geworfen wurden.

Die Blauhelme hatten ja nur Anweisung und einen Befehl: 1. Abzuhauen, obwohl sie als Bewaffnete und Armee-Einheit die besten Voraussetzungen boten, hier den Völkermord noch zu verhindern, der dann losraste. 2. Sie sollten sich selbst ordentlich aus dem Compound in Kucicyro evakuieren. Das taten sie und ließen weit über 4 000 Tutsis auf dem Gelände zurück, die alle ersäuft, zerhackt, gemeuchelt wurden und in einem entsetzlichen Blutbad versanken.

Ja, so kann es einfachen Soldaten und Rekruten ergehen, die vielleicht an einem schönen Sonntag wie diesem auch zum Gottesdienst gehen und den großen Gott loben, seine Stärke preisen und seine Werke bewundern. Am 6. April 1994 begann das alles um 20.24 Uhr, als über dem Airport Kanombe die Flugmaschine des Ruanda-Staatspräsidenten Habyarimana zerschellte, getroffen von einer Rakete. In dieser Nacht, schon zwei, drei Stunden später, schwärmten die Todesschwadronen der Mordmiliz Interahamwe aus, um den geplanten Völkermord durchzuführen! Ein Seelsorger der belgischen Blauhelmmission, prosaisch gesagt ein Militärpfarrer, der hatte ein ganz besonderes Erlebnis. In einem Film über die Evakuierung wird gezeigt, wie er gerade in seinem Toyota hinausfährt. Ein Mädchen, ein schönes ruandisches Tutsi-Mädchen, klammert sich an den Fenstersims des Wagens, er muß die Hand unsanft entfernen, weil er sonst nicht pünktlich genug zur Evakuierung kommt. Der Militärpfarrer.

Auch der Pfarrer sagt, Befehl ist Befehl, und Anweisung ist Anweisung. Er wußte, daß das Wegschieben und Zurückstoßen den Tod dieses Mädchens bedeutete. Ja, und was sagt er dann? – »Es tut mir leid!« Lea, weißt Du, was der sagt?! Da wird ein junges Mädchen dem potentiellen und dann wirklichen Mord, dem Zerhacken, ausgeliefert. Weiß Du, was der Geistliche sagt? Nein, er macht keinen Witz, er sagt, es tue ihm leid! Es tat ihm leid!?

Nein, diese Töne sind nicht erlaubt, sie sind jämmerlich, und so erleben wir das ja auch, uns selbst als Waschlappen, als wirklich jämmerliche Zeitgenossen, die genau in dem Moment, wo die Situation da ist, versagen. Diese Situation kommt, für sie, für Dich und mich, deshalb ist es gut, den Ungehorsam gegenüber solchen unsittlichen Befehlen einzuüben. Dazu gäbe es keine Gelegenheit? Wie?

Ich sage Dir, Lea, jeden Tag haben wir, habe ich und noch mehr Du mit Deinem ganzen, vollen, großen Leben, was Dir bevorsteht, immer eine Gelegenheit. Und noch eins, ich brauche Dir das überhaupt nicht zu sagen, denn das weißt Du doch schon ganz genau, oder?

Nichts für ungut; ich bin schon unter der Erde, zwischen Himmel und Hölle, wenn Du, liebe Lea, mit Deinem großen, engagierten Leben beginnen wirst, richtig beginnen. Aber Du wirst das dann alles machen, wenn Du Dir den Mumm und Mut nicht von Sachzwängen, Karriereflüsterern und Tariffanatikern abschwatzen läßt.

In dem Sinne ein großes, schönes, richtiges Leben im nächsten Jahrhundert.

Dein Rupert Neudeck

Norbert Blüm wurde am 21. Juli 1935 in Rüssels-
heim geboren. Nach einer Lehre als Werkzeugmacher
arbeitete er bei der Adam Opel AG. Schon früh wurde
er Mitglied der CDU und engagierte sich in der Gewerkschaft und in der Katholischen Arbeitnehmer-Bewegung.
Er studierte Philosophie, Germanistik, Geschichte, Theologie und Soziologie in Köln und Bonn. Danach arbeitete
er als Redakteur der Zeitschrift »Soziale Ordnung«. Im
Folgenden war Norbert Blüm Hauptgeschäftsführer der
Christlich Demokratischen Arbeitnehmerschaft (CDA),
danach Vorsitzender ihres Landesverbandes Rheinland-
Pfalz und Bundesvorsitzender der CDA. 1980 übernahm
er den stellvertretenden Vorsitz der CDU-Bundestags-
fraktion. Von 1982 bis 1998 war er Bundesminister für
Arbeit und Sozialordnung. Norbert Blüm ist verheiratet
und hat drei Kinder.

Liebe Lili,

im Jahr 2000 wirst Du 5 Jahre alt sein. Ich werde dann
65 Jahre. Zwischen uns liegen also 60 Jahre. Vor Dir aber
liegt das nächste Jahrhundert, in dem Du – so Gott will
– die größte Zeit Deines Lebens leben wirst. Ich jedoch
bestimmt meinen kleinsten Teil.
Wie wird die Zukunft aussehen? Die vor uns liegende
Zeit wird jedenfalls anders sein als die hinter uns liegende.
Ich will Dir etwas erzählen von den vergangenen Jahren.
Großväter erzählen immer so gern von der Vergangenheit, mußt Du wissen. Vieles habe ich vergessen, aber
manches sitzt tief in meiner Erinnerung, zum Beispiel
folgende Geschichte: Ich habe mit Hans-Peter, meinem
Bruder, und mit meiner Mama, Deiner Urgroßmutter
Gretel, oft mutterseelenallein Nächte im Luftschutzkeller verbracht. Papa war im Krieg. Wir hatten immer
Angst, wenn Fliegeralarm war. Ich mußte dann aus dem
Bett springen, meine Kleider und die Schuhe ganz
schnell anziehen und aus dem 3. Stockwerk über eine
große Treppe hinunter in den Luftschutzkeller hasten.
Licht durften wir auf dem Weg in den Keller nicht an-
knipsen, denn sonst hätten die Flieger gesehen, wo wir
wohnten, und uns mit ihren Bomben besser getroffen.
Vor meinem Bett stand immer ein »Luftschutzköfferchen«, das ich jeden Abend neu packte und in den Luft-
schutzkeller mitnahm, wenn die Alarmsirenen heulten.
Im »Luftschutzköfferchen« war immer eine Thermos-
flasche Kakao, ein Bilderbuch und eine Kerze, die wir im
Luftschutzkeller anzündeten, wenn das elektrische Licht

ausgegangen war. Einmal traf eine Bombe genau unser Haus. Das Haus brannte, und zu allem Unglück war die Haustür gesplittert, sie klemmte und wir konnten nicht aus dem Haus hinaus. Wir saßen in der Falle. Doch Gott sei Dank, wir wurden gerettet. Im gegenüberliegenden Hauptportal der Adam-Opel-AG (das ist das Portal, durch das auch heute noch die Arbeiter gehen, die Opel-Autos bauen) hörte ein Mann unser Schreien und schlug die schwere Eichentür mit drei Axthieben ent-zwei, und so entkamen wir dem Feuer. Wir rannten unter Splitterhagel und Bomben über die Straße unter das Schutzdach des Opelportals – und waren gerettet. Wir: Mama, Hans Peter und ich und mein »Luftschutz-köfferchen«.

»Lauf, lauf, Norbert«, hat Mama im Rennen über die Straße geschrien. Ich wollte nicht. Ich blieb stehen. Sie gab mir einen Schubs mit den Knien. Auf den Händen trug sie den kleinen Hans-Peter, ich mein »Luftschutz-köfferchen«. Nie in meinem Leben ist mir ein Weg so lang vorgekommen wie diese dreißig Schritte über die Straße in der brandhellen Nacht, und niemals habe ich mich mehr gefürchtet als damals.

Meine Mama, Deine Urgroßmutter, an die ich oft denke und die Du nicht mehr erlebt hast, war eine kleine, zier-liche Frau. Aber sie war stark! Selbst als wir im Luft-schutzkeller eingeschlossen waren, blieb sie ganz ruhig. Sie war stark nicht mit ihren Muskeln, aber in ihrem Herzen. Warum, fragst Du? Ich weiß es auch nicht.

Vielleicht lag ihre Stärke in einem unerschöpflichen Gottvertrauen. Es konnte passieren, was wollte. Meine Mama glaubte unerschütterlich daran, daß wir alle in

Gottes Hand sind. »Der liebe Gott wird es schon richten«, sagte sie dann. Und selbst in jener schlimmen Bombennacht blieb sie in unerschütterlicher Gelassenheit. Wenn es turbulent wurde, hat sie gebetet.

Irgendwo hatte sie eine geheime Telefonleitung zum lieben Gott, mit dem sie immer sprach, selbst wenn sie den Mund nicht aufmachte. Sie redete dann mit ihm in Gedanken, und oft erzählte sie uns Kindern, was er ihr gerade gesagt hatte. Ich wünsche Dir, liebe Lili, das Gottvertrauen Deiner Urgroßmutter Gretel.

Es wird auch für Dich in Deinem Leben nicht immer leicht sein, an den lieben Gott zu glauben. Das Leid und Elend in der Welt läßt auch mich oft an dem lieben Gott zweifeln. Kinder werden umgebracht, Millionen von Menschen hungern. Es gibt so viel Elend und Ungerechtigkeit auf der Welt.

Du wirst wie ich fragen: »Warum?« Vielleicht wirst Du in Deinem Leben auch einmal verzweifelt sein. Dann wirst Du rufen wie viele Menschen vor und nach Dir: »Wo bist Du, lieber Gott?« Und Dich fragen: »Ist es wirklich ein lieber Gott?« Schäme Dich Deiner Fragen nicht. Sie stellte schon vor mehr als 2000 Jahren Hiob. Die Geschichte vom frommen Hiob im Alten Testament mußt Du lesen. Er war fromm und gerecht, ließ sich nichts zuschulden kommen und verlor doch alles Hab und Gut. Seine Knechte wurden erschlagen, Töchter und Söhne kamen um, Hiob selbst wurde von Aussatz und Elend gequält. Der angesehene Mann, der Kraftprotz, wurde über Nacht zu einem Häufchen Elend. Seine Freunde wandten sich von ihm ab und schüttelten den Kopf über ihn. Sogar seine Frau verspottete ihn und wünschte ihm den Tod. Hiob haderte mit Gott, machte ihm schwere Vorwürfe, aber er leugnete Gott nie. Nie sagte er: »Es gibt keinen Gott.« Aber er verstand ihn nicht mehr.

Welchen Sinn haben Leiden und Niederlagen? Gute Lili, ich weiß es auch nicht. Vielleicht wirft uns Gott in unseren Niederlagen auf uns selbst zurück, damit wir uns besser kennenlernen und den Erfolg im Leben nicht schon für alles halten, was wichtig ist. Denn, liebe Lili, die große Gefahr für uns Menschen ist, daß wir oberflächlich werden, das Innere mit dem Äußeren verwechseln und abhängig werden von Ansehen und Geltung. Deshalb sind erfolgreiche Menschen häufig sehr selbstherrliche Menschen. Leidende und Gescheiterte dagegen wandeln sich oft zu bewundernswerten Menschen, die an ihren Niederlagen wachsen und an denen wir uns ein Beispiel nehmen können.

Übrigens, der Heiland, an den Deine Urgroßmutter so hartnäckig geglaubt hat, war auch unter weltlichem Gesichtspunkt ein Gescheiterter, denn er wurde ans Kreuz geschlagen. Die Kirchen, das ärgert mich, reden heute allerdings weniger vom Sinn des Lebens als von Zwecken der Gesellschaft.

Behinderte helfen ihren Helfern oft mehr, als sie Hilfe von diesen empfangen. Kranke und Leidende lehren uns, daß wir aufeinander angewiesen sind. Und Menschen, die einem Behinderten nicht helfen können, sind behinderter als Behinderte, sie wissen es nur nicht. Sie sind dumm. Vielleicht wirst Du einmal Deiner Großmutter und Deinem Großvater helfen müssen, und wahrscheinlich helfen Deine Enkel Dir, wenn Du einmal

Oma bist und Hilfe brauchst. Aber bis dahin vergeht noch viel Zeit.

Was wäre das für eine Welt, aus der jede Angst und jede Hilfsbedürftigkeit verschwunden wäre? Dann wäre jeder mit sich selbst allein und niemand bedürfte eines anderen. Wahrscheinlich wäre das eine Welt ohne Liebe. Und eine lieblose Welt wäre das Schlimmste, was Menschen passieren könnte.

Liebe ist nämlich das Größte, was Menschen erfahren können, und Dein Großvater wünscht Dir, daß Du in Deinem Leben das Glück der Liebe erlebst. Liebe, das wirst Du jetzt noch nicht verstehen, ist ein großes Geschenk, und dennoch ist sie paradox. Denn die Liebe ist eine Form der Abhängigkeit, die uns nicht schwächt, sondern stärkt.

»Geteiltes Glück ist doppeltes Glück« und »Geteiltes Leid ist halbes Leid«, sagt der Volksmund, und der ist oft klüger als viele gescheite Leute.

Über die Liebe hat der Heilige Paulus einen schönen Brief an seine Leute in Korinth geschrieben. Er steht im Neuen Testament. Wenn Du groß bist und traurig oder enttäuscht bist, lies diesen Brief. Du wirst den Paulus dann besser verstehen als jetzt.

»Wenn ich mit Menschen-, ja Engelszungen rede, habe aber die Liebe nicht, so bin ich ein tönendes Erz und eine gellende Schelle. Und wenn ich die Prophetengabe habe und alle Geheimnisse weiß und alle Erkenntnisse besitze und wenn ich allen Glauben habe, so daß ich Berge versetzen könnte, habe aber die Liebe nicht, so bin ich nichts. Und wenn ich all meine Habe zu Al-mosen mache und wenn ich meinen Leib hingebe zum

Verbrennen, habe aber die Liebe nicht, so nützt es mir nichts. Die Liebe ist langmütig, gütig ist die Liebe, die Liebe ist nicht eifersüchtig, sie prahlt nicht, ist nicht aufgeblasen. Sie handelt nicht taktlos. Sie sucht nicht den eigenen Vorteil, sie läßt sich nicht erbittern, sie trägt das Böse nicht nach. Sie freut sich nicht über das Unrecht, freut sich vielmehr mit an der Wahrheit ... Die Liebe hört niemals auf ... Nun aber bleiben Glauben, Hoffnung und Liebe, diese drei; am größten jedoch unter ihnen ist die Liebe.«

Aber, liebe Lili, Dein Großvater hat Dir nicht nur ernste Geschichten zu erzählen. Einer der fröhlichsten Tage, die ich erlebt habe, war die Geburt Deiner Mama Katrin. Sie, die heute so groß und stark ist, war ein kleines hilfloses Würmchen, als sie zur Welt kam. In dem Augenblick, als ich sie zum ersten Mal in den Armen hielt, wußte ich, daß sie mich ein ganzes Leben lang brauchen wird, so wie Du Deine Mama und Deinen Papa immer brauchen wirst, auch wenn Du ganz traurig bist. Selbst wenn Mama und Papa nicht mehr leben, wirst Du Dich noch fragen, was sie sagen würden, wenn Du ratlos bist. Kinder sind ein größeres Glück als jeder noch so große Lottogewinn. Reichtum kann man schnell verspielen, aber Kinder und Eltern gehören immer zusammen. Sie verlieren sich nie, auch wenn sie es versuchen. Deshalb wünsche ich Dir für Dein Leben, Lili, daß Du nie einsam sein und viele Kinder haben wirst.

Wie Du weißt, bin ich von Beruf Politiker. Wir Politiker haben in diesem Jahrhundert vieles falsch gemacht. (Hab Nachsehen mit uns.) Aber auch manches richtig. Daß in Europa die Grenzen fallen, ist das Beste, was wir in dem jetzt zu Ende gehenden schrecklichen Jahrhundert zustande gebracht haben. Dein Urgroßvater Christian, mein Vater, hat noch 1940 darum gekämpft, wo der lächerliche Grenzstein zwischen Frankreich und Deutschland in die Erde gegraben wird – rechts oder links von Elsaß-Lothringen. Du dagegen und Deine Generation und die folgenden, Ihr werdet gar nicht mehr wissen, wo diese Grenze war. Du wirst mit Deinem Mann und Deinen Kindern zu Zielen in Europa reisen, von denen Deine Urgroßmutter nicht einmal wußte, wo sie auf der Landkarte zu finden sind. Und keine Paßkontrolle wird Dir Schikanen machen. Und niemals mehr wird es zwischen Deutschland und Frankreich einen Krieg geben wie den, in dem Dein Urgroßvater noch um sein Leben gezittert hat.

Ist das nichts? Ist das kein Grund, sich zu freuen?

Ich hätte Dir noch viele Ratschläge zu geben und noch viele Geschichten zu erzählen, aber Du, liebe Lili, wirst selbst viele neue Geschichten erleben.

Freue Dich auf das Leben, das vor Dir liegt. Das Leben ist wie ein Abenteuerurlaub: voller Überraschungen, von denen Du und Dein Großvater noch nichts wissen. Aber vergiß nicht, was Deine Urgroßmutter immer wußte, selbst als sie starb: »Der liebe Gott ist immer bei Dir.«

Liesel Westermann-Krieg wurde am 2. November 1944 in Sulingen geboren. Schon frühzeitig konnte sie auf sportliche Erfolge verweisen: 1962 wurde sie Deutsche Jugendmeisterin im Fünfkampf und Diskuswerfen, vier Jahre später holte sie sich die Silbermedaille bei den Europameisterschaften, 1968 die Olympische Silbermedaille. Nach ihrem Staatsexamen für das Lehramt an Grund- und Hauptschule arbeitete sie als Beamtin und wurde 1974 Fachvorsitzende für das Fach Erziehungswissenschaften. Als erklärte Dopinggegnerin wurde sie 1976 nicht mehr für die Olympischen Spiele nominiert, obwohl sie immer noch als beste Werferin der westlichen Welt galt. Liesel Westermann-Krieg engagiert sich seit 1981 für die FDP. Sie ist verheiratet und hat vier Kinder.

Meine lieben Enkel,

noch seid Ihr Wunschbilder, aber säßet Ihr schon vor mir und fragtet mich zur Jahrtausendwende, was wohl Gültigkeit behielte über alle Zeiten hinweg, ich könnte Euch keine letzten Wahrheiten nennen.

Was mir wichtig erscheint, daß will ich Euch wohl beschreiben: Vor dem Wohin steht das Woher ...

Wir waren noch klein, meine Schwestern und ich. Mein Vater, Euer Uropa, war Handelsreisender für einen Schokoladengroßhandel in Bremen. Jeden Samstag mußte er von Sulingen nach Bremen fahren und die wochentags eingesammelten Aufträge dort abliefern. Häufig brachte er von dort Tante Dora, seine Schwester, mit, die bis Sonntagabend dann bei uns blieb.

Am Sonntagmorgen, vorm Aufstehen, krabbelten wir drei Mädchen gern zu dieser lieben und freundlichen Tante ins Bett. Dann erzählte sie uns von den Streichen unseres Papas und seiner Brüder. Das war immer gemütlich und lustig und oft auch spannend und aufregend. Ganz besonders, wenn es um die Strafen ging und die Tricks, diesen auszuweichen. Mein Opa, Euer Ururopa – ich habe ihn nie kennengelernt, weil er so früh gestorben ist –, war nämlich wie seinerzeit viele Väter ein gestrenger Patron. Sobald ein Nachbar oder sonst jemand aus dem Ort eine Beschwerde über seine Söhne vortrug, wurde unverzüglich der Handstock gezückt und es gab Prügel und Stubenarrest. Die Jungen wurden überhaupt nicht befragt.

»Ungerecht«, erregten wir uns. »Das war es oft«, sagte Tante Dora dann.

»Aber für manche Streiche sind die Jungen gar nicht bestraft worden, weil sie nicht erwischt wurden.« Außerdem hat sie als ältere Schwester manches Mal geholfen, zu vertuschen oder Fenster und Türen zu öffnen, wenn der Stubenarrest umgangen wurde.

Ganz anders die Geschichten über den anderen Uropa. Er ist auf einem Bauernhof in Kössuln, einem Dorf in Sachsen-Anhalt aufgewachsen. Uropa und Uroma haben diese Geschichten Euren Eltern selbst erzählt. Der Uropa hat auf dem kilometerlangen Schulweg immer Hamsterfallen betreut. Für die Felle gab es Silbergeld. Nicht nur die dadurch entstandenen Schmutzfinger und regelmäßigen Verspätungen haben den Lehrer zu einem Besuch auf dem elterlichen Bauernhof veranlaßt. Auch sonst war der Uropa ein rechter Lausejunge. Der besorgte Lehrer bekam jedoch keine Gelegenheit, seine Beschwerden vorzutragen. Er wurde mit einer Mistgabel vom Hof gejagt. Für die Versetzung ihrer Kinder sorgte die Ururoma auf ihre eigene Weise: mit einer Gans zu Weihnachten.

Die Silberlinge für die Hamsterfelle hatte Euer Uropa so gut verwahrt, daß dafür nach dem Krieg die Schulbücher für Euren Opa und seine Schwestern gekauft werden konnten. Die Lebensverhältnisse waren schon immer unterschiedlich, und doch hat sich viel verändert und es wird sich weiterhin viel verändern. Und manches bleibt.

Warum, wer entscheidet darüber? Ihr müßt es selbst herausfinden, müßt Euch selbst entscheiden. Wenn Ihr zuhören mögt, erfahrt Ihr viele Hilfen, die Euch nachdenken lassen über Eure Möglichkeiten, Eure Chancen

und Eure Verantwortung. Und: Zuhören und Nachdenken machen Spaß. Ich habe es erfahren, Eure Eltern
auch. Traut es Euch zu!

Zuhören und Nachdenken sind an Erzählen gebunden.
Ich will Euch etwas aus meinem Leben erzählen: Als
Dreijährige ging ich aus eigenem Entschluß in den
Turnverein – meine Mutter erfuhr erst davon, als der
Beitrag kassiert wurde – und durfte dort bald bei den
älteren Kindern mitturnen. Als eine neue Turnlehrerin
uns dem Alter gemäß neu einteilte, mich kompromißlos
zurückstufte und ich ergebnislos protestiert hatte, be-
endete ich meine Turnerei bis zum Ausscheiden dieser
Turnlehrerin.

Später führte mich meine Neugier auf den Sportplatz,
und ich wurde von Herrn Voigt für die Leichtathletik
begeistert. Erst als Studienanfängerin verlor ich diesen
engagierten Trainer. Ich verlor ihn, weil ich nicht gehorchen wollte und gegen seinen Willen an einem
Sportfest teilnahm, mit dessen Veranstalter er sich über-
worfen hatte.

Ich war Kindergottesdienst-Helferin. Was im Winter
problemlos ging, wurde im Sommer durch die Wett-
kämpfe an Sonntagen schwierig. Der Pastor verlangte
eine Grundsatzentscheidung: Sport oder Kirche. »Für
Ihre Tochter ist der Sport der Gott«, beschwerte er sich
hinterher bei meiner Mutter. Als Weltklasse-Athletin
bekam ich Jahre später eine Postkarte: Wenn er von meinem Talent gewußt hätte, hätte er sich anders verhalten.
Nun beglückwünschte er mich zu den Erfolgen.

Mit fast fünfzig Jahren sollte ich Bundestagsabgeordnete
werden. Aus einem Listenplatz wurde nichts. Da entschloß

ich mich, auf meine eigenen Kräfte zu vertrauen und mich um ein Landtagsmandat zu bewerben. Diesmal schaffte ich einen Listenplatz. Leider scheiterte meine Partei und aus dem Mandat wurde nichts.

Sind das Siege, sind es Niederlagen, von denen ich erzähle?

Es ist wie mit der Geschichte von dem halb vollen oder halb leeren Glas. Wo es Siege gibt, gibt es auch Niederlagen. Was zählt?

Mancher Sieg auf dem einen Feld ist zugleich eine Niederlage auf dem anderen. Diese Verschränkung habe ich immer wieder entdeckt. Eine Entdeckung, die Trost und Hoffnung, Ende und Anfang ist.

Möge meine Erfahrung es Euch erleichtern, sie nachzuvollziehen. Wo Ihr ein Ende erlebt, ist auch ein Anfang zu entdecken.

Laßt mich noch über eine weitere Erfahrung sprechen, die auch Euch begegnen wird: »Du nimmst dich zu wichtig!« – »Paß dich an oder geh!« Solche Sätze fallen immer wieder. Sind sie deshalb richtig?

Mit einer Bestleistung von fast 42 Metern gab ich als mein Ziel an, 45 Meter weit werfen zu wollen. Da beschied mich ein Experte der Sportwissenschaft fürsorglich, daß ich das nie erreichen könne, weil ich dazu viel zu klein sei.

Die 45 Meter waren erreicht, als nun unser Hausarzt, der sich auch als Sportarzt verstand, meine Mutter bat, mich über meine körperlichen Grenzen aufzuklären. Ich hätte eine Schilddrüsenfehlfunktion und würde nie über 50 Meter werfen.

Nun, ich warf als erste Frau über 60 Meter weit.

Weltrekord.

Meinen eigenen Weg zu suchen, meine Grenzen selbst zu finden, das war mir wichtig. Expertenratschläge hin, Expertenratschläge her. Schließlich ist mein Eigensinn durch Erfolg belohnt worden.

Das Nachdenken über Wert und Unwert von Eigensinn, das Nachdenken über Wert und Unwert des Bedürfnisses, sich selbst wichtig zu nehmen, erinnert mich an dreierlei: an Schillers Ballade »Der Kampf mit dem Drachen«, an das familientherapeutische Satir-Modell und das christliche Gebot der Nächstenliebe.

Zum Drachentöter heißt es da:

Die Schlange, die das Herz vergiftet,
Die Zwietracht und Verderben stiftet,
Das ist der widerspenst'ge Geist,
Der gegen Zucht sich frech empöret,
Der Ordnung heilig Band zerreißt,
Denn der ist's, der die Welt zerstöret.
Mut zeigt auch der Mameluck,
Gehorsam ist des Christen Schmuck;
Der Pflichten schwerste zu erfüllen,
Zu bändigen den eigenen Willen!

Ordne dich ein oder geh! Nimm dich selbst nicht wichtig! Ist das Schillers Botschaft in dieser Ballade?

Virginia Satir hat in der Beratung von Familien herausgefunden, wie sehr die Menschen unserer Tage ein starkes individuelles Selbstwertgefühl, die Verbundenheit mit den anderen und die Beziehung zum Kontext als Garanten für ein befriedigendes Dasein brauchen. Das individuelle Selbst hat seinen besonderen Stellenwert für das ausgeglichene Ganze. Das christliche Gebot der Nächstenliebe schließlich verlangt: Liebe deinen Nächsten wie dich selbst.

Wo liegt die Wahrheit? Ohne Gehorsam klappt es im Alltag nicht. Das lehrt zuerst der Familienalltag. Als Mutter habe ich im Alltag so meine Probleme mit der Widerspruchsfreude meiner Kinder. Immer wieder mahnt mich meine eigene Mutter zur Geduld, da nun mal kein Kind der ersten Aufforderung gehorche. Automatischer Gehorsam verschafft Bequemlichkeit, sorgt für Ruhe.

Aber nur Gehorsam ist eine Verleugnung des Menschwerdens in der Individuation. Der Robotermensch oder Menschenroboter entsteht durch Humantechnologie.

Wer der Anthropotechnik das Wort redet und nicht die Freiheit des Einzelnen sichert, hat mehr vergessen als die dunklen Jahre des vergangenen Jahrhunderts.

Selbstliebe und Nächstenliebe bedingen einander, sind ohne einander unvollkommen. So das christliche Gebot.

Darüber habe ich mit der Uroma sprechen wollen, die den Uropa bis zur Selbstentkräftung gepflegt und umsorgt hatte. Mit Blick auf mich bedauert sich der Opa hin und wieder, halb im Ernst und halb im Scherz, weil er es nicht so gut haben werde wie sein Vater.

Darüber denke ich nach, wenn es um Doping im Sport geht, um Drogen und Gewalt in der Jugendszene.

Wie weit geht das Recht auf Eigensinn?

Das Selbst, die anderen und den Kontext ins Gleichgewicht, in Kongruenz zu bringen, dazu will die Psychologin Virginia Satir ihren Patienten verhelfen. Ist das eine allgemeingültige Maxime für die Bewältigung der Herausforderungen der Zukunft? Wenn alles in Balance ist, woraus entstehen Veränderungen, Verbesserungen, Fortschritt?

Es wird keinen Stillstand durch Einklang geben. Das Ziel mag identisch sein, die Ausgangspunkte von Völkern oder Individuen sind zu unterschiedlich, als daß es zu einem Stillstand durch Harmonie kommen könnte. Bewegung bleibt das Tor zum Leben. Bewegung bleibt das Tor in die Zukunft. Dennoch, in ihr allein gewinnt der Mensch sich nicht.

Wo es Chancen gibt, gibt es auch Risiken. Zuhören, beobachten, nachdenken und Nein sagen müssen gewagt und geübt werden. Es gibt eine Wahrheit, aber sie hat viele Gesichter. Wo sein Tor zur Wahrheit liegt, muß jeder selbst herausfinden. Nur Mut! Ich wünsche mir von Herzen, meine lieben Enkel, daß Euch Euer Leben gelingen möge.

Erhard Eppler wurde am 9. Dezember 1926 in Ulm geboren. Er studierte Germanistik und Geschichte und arbeitete anschließend am Gymnasium in Schwenningen. Von Gustav Heinemanns Gesamtdeutscher Volkspartei, die Erhard Eppler mitbegründete, wechselte er 1956 zur SPD und kam in den Deutschen Bundestag. Hier war er im Finanz- und Auswärtigen Ausschuß und als außenpolitischer Sprecher seiner Fraktion tätig. 1968 wurde er im Amt des Entwicklungsministers bestätigt. Im Anschluß daran arbeitete er im baden-württembergischen Landesverband seiner Partei. Außerdem war er Mitglied der Synode der Evangelischen Kirchen Deutschlands und arbeitete eine Zeit im Vorstand des Deutschen Evangelischen Kirchentages und als Kirchentagspräsident. Erhard Eppler ist verheiratet und hat vier Kinder.

Meine lieben Enkel,

ich soll Euch Ratschläge geben. Das ist aus mehr als einem Grund schwierig. Einmal, weil Ihr manches ohnehin besser macht als ich vor sechzig Jahren, zum anderen, weil man Erfahrungen kaum übertragen kann. Deshalb will ich Euch einfach etwas erzählen, was Euch vielleicht helfen kann, wenn Ihr es schwer habt, wenn man Euch übel mitspielt, wenn Ihr, wie es neuhochdeutsch heißt, gemobbt werdet. Und das kann ja immer geschehen.

Das ist kein spezieller Rat fürs 21. Jahrhundert. Wie Ihr mit dem Computer, dem Internet oder 67 Fernsehprogrammen umgehen müßt, wißt Ihr besser als der Opa.

Ich will also erst einmal erzählen. Ich war ja, zumindest nach 1970, ein ziemlich seltener Vogel in der deutschen Politik. In den sechziger Jahren unterschied ich mich kaum von meinen Kollegen im Bundestag, dem ich seit 1961 angehörte. Ich glaubte an die Segnungen des immerwährenden Wirtschaftswachstums, an die Wohlstandsdemokratie, fand Atomkraftwerke schick und wollte sogar den Indern mit Schnellen Brütern helfen.

Als ich 1968 – ausgerechnet 1968 – Bundesminister für wirtschaftliche Zusammenarbeit wurde, also Entwicklungsminister, wollte ich helfen, »die Lücke zu schließen«, also dafür sorgen, daß es die armen Länder des Südens, und zwar möglichst rasch, auch so herrlich weit bringen, wie wir es schon gebracht hatten.

Dann bin ich dorthin gereist: Nach Kenia, Uganda, Tansania, in die verwüsteten Länder der Sahelzone, nach

Peru, Bolivien und Equador, nach Madras, Bombay und Djakarta.

Da kamen mir Zweifel, ob die Menschen dort überall gut daran täten, uns einfach nachzuahmen. Mir wurde klar, daß in der Sahelzone nicht nur eine lange Zeit der Dürre dafür gesorgt hatte, daß nun die Wüste weit nach Süden vorgedrungen war, daß da, wo früher Vieh geweidet hatte, nun die bleichen Skelette von Rindern und Schafen aus dem Sand ragten, dazwischen ein paar tote Strünke, die einmal Bäume waren.

Mit europäischer Hilfe hatten die Besitzer der großen Herden neue Brunnen gegraben, und in die alten hatten sie Motorpumpen eingebaut. Damit konnten sie viel mehr Vieh tränken, als wenn sie das Wasser noch von Hand in Lederbeuteln aus dem Brunnen gezogen hätten. Also gab es auch mehr Vieh, und die Nomaden waren stolz darauf. Wer die meisten Tiere hatte, galt am meisten.

Dann kam die Dürre. Es wollte und wollte nicht regnen, auch nicht im Frühjahr, wo sonst der Regen dafür gesorgt hatte, daß der frisch gesäte Hirsesamen aufging, die Büsche ihre Blätter bekamen und der gelbliche Boden grün wurde. Was sollten die vielen Tiere tun? Sie machten sich über Büsche und Bäume her, zertrampelten die spärlichen grünen Stellen, bis die Sandstürme den Rest der Savanne samt den Tieren zudeckten.

In Marokko besuchte ich Bergbauern. Weil sie seit Generationen viele Kinder hatten, die ernährt werden wollten, kletterten ihre Maisfelder immer weiter die Hänge hinauf. Aber dann kamen die Wolkenbrüche. Sie rissen die Erde der Felder mit ins Tal. Übrig blieben tiefe

Ravinen, der nackte Fels. Dort wuchs nun nichts mehr, kein Mais, aber auch kein Gras und kein Baum. Später, im Flugzeug nach Hause, sah ich dann an den Fluß– mündungen im Mittelmeer riesige rote Halbkreise. Dort war die Erde aus den Bergen angekommen.

Wir waren offenbar nicht dabei, die schöne neue Welt zu schaffen, wir waren damit beschäftigt, die schöne alte Welt zu ruinieren.

Bisher hatte auch ich geglaubt, wir müßten nur so weitermachen, dann würde alles gut. Jetzt sah ich: Wir können noch vieles tun, nur nicht so weitermachen wie bisher.

Der Süden war in einem Unheilszirkel gefangen: Je größer das Elend, desto mehr Kinder, je mehr Menschen, desto rascher die Naturzerstörung, je rascher die Naturzerstörung, desto größer das Elend. Und so weiter.

Zuerst, liebe Enkel, tröstete ich mich damit, dies gelte alles nur für den armen Süden. Mein Land, Euer Land, die Bundesrepublik Deutschland, schien in Ordnung. Wenn ich, was Minister gelegentlich tun, mit dem Hub– schrauber übers Land flog, konnte ich sehen: alles sauber und geordnet, Städte und Dörfer wiederaufgebaut, viele Neubaugebiete, überall neue Fabriken, verbunden durch Straßen, Autobahnen, Schienenstränge. Die Felder bestellt, die Wälder gesund. Nein, da war kein Elendszirkel.

Da kam mir ein Aufsatz über den Verbrauch der Land– schaft in die Hand. Seit 1948 sei etwa so viel Land neu bebaut worden wie in den Jahrtausenden zuvor. Das entsprach meinen Beobachtungen.

Noch einmal eine Verdoppelung in 30 oder 40 Jahren – wie sah Deutschland dann aus? Und wie war das mit der Luft in den Städten? Mit dem Lärm an den Bundesstraßen? Warum wurden die Kläranlagen immer größer, immer zahlreicher? So wuchs bei mir das, was man später »ökologisches Bewußtsein« nannte.

Als 1972 der erste Bericht des »Club of Rome« behauptete, wir könnten so nicht weitermachen, bestätigte er mir nur, was ich schon gemerkt hatte. Nein, wir gingen nicht unbedingt der großen Katastrophe entgegen, aber wir mußten ihr ausweichen, indem wir die Richtung änderten.

Das gilt heute wie damals. Als die Brundtland-Kommission der Vereinten Nationen ein paar Jahre später »sustainable devolopment« forderte, durchhaltbare, zukunftsfähige Entwicklung, sagte sie damit auch, daß das, was wir bislang trieben, eben nicht durchhaltbar, nicht zukunftsfähig war.

Das war meine Überzeugung etwa seit 1972, und ich hatte sie in einem Vortrag bei der Internationalen Arbeitstagung der IG Metall in Oberhausen zum erstenmal im Zusammenhang begründet. Heute stehen Abschnitte daraus in den Schulbüchern.

Damals gab es einen Aufschrei. Die eine große Zeitung – die, hinter der immer ein kluger Kopf stecken soll – meinte, nun sei ich endgültig den Kommunisten auf den Leim gegangen; die andere, die von Springer, befand, ich sei eben ein Puritaner, und ein altmodischer dazu. Man verstand nichts, aber man hatte ein Urteil.

Von da ab wurden mir unzählige Klischees an meine alte Baskenmütze geklebt, von Journalisten, von politischen Gegnern, auch von Parteifreunden: Ich sei eben ein Träumer, ein Traumtänzer, ein linker Systemveränderer, ein Juso-Freund, eine Gefahr für die Demokratie, ein protestantischer Pessimist, ein schwäbisch-pietistischer Spintisierer, ein Pietcong, ein humorloser Sektierer, ein Philosoph, der sich in die Politik verirrt habe, ein naiver Idealist, in jedem Fall ein Außenseiter, ein Anti-Pragmatiker, den man in der Politik nicht brauchen könne.

Als ich dann 1974 mit dem neuen Kanzler nicht zurechtkam und zurücktrat, weil der Etat für die armen Länder wider alle Absprachen gekürzt worden war, da war alles klar: Da hatte man es mit einem Spinner zu tun.

Warum erzähle ich Euch das, meine Enkel? Ganz sicher nicht, um Euer Mitleid zu erregen oder damit Ihr alles nachmacht. Auch nicht, um nachträglich recht gehabt zu haben. Das Rechthaben ist eine brotlose Sache, das Recht-gehabt-haben nur etwas für sehr eitle Leute.

Nein, mir geht es darum: Wie verhalten wir uns, wenn andere uns Etiketten ankleben, sich ein Bild von uns machen, das wir für ein Zerrbild, für eine Karikatur halten; ein Bild, von dem wir glauben, daß es mit der Wirklichkeit nichts zu tun hat?

Vor dieser Frage stand nicht nur ich über viele Jahre, davor steht jeder und jede irgendwann einmal, auch Ihr, meine Enkel. Irgendwann werdet Ihr darüber staunen, wie Ihr aus der Perspektive anderer Menschen ausseht, aus der von Fremden, von Konkurrenten, Gegnern, aber auch Kameraden, sogar von Freunden. Was tun wir dann?

Zuerst ist es, so meine ich, ratsam, in sich zu gehen und zu fragen, was an den seltsamen Klischees vielleicht doch richtig sein könnte. War ich nicht doch zu pessimistisch? Spielte mir nicht meine protestantische Erziehung einen Streich? Nahm ich die Wirklichkeit so ernst, wie sie genommen werden muß? War ich vielleicht doch zu sehr Theoretiker? Auch wenn ich zu dem Ergebnis kam, so sei es wirklich nicht, so machte es mich doch wachsamer gegenüber den eigenen Schwächen.

Dann kommt die zweite, wichtigste Frage: Wie soll ich mich gegen die Klischees wehren? Wie kann ich beweisen, daß dies alles nicht stimmt?

Solange dies nur dazu führt, praktisch manches zu tun, was diesen Bildern offenkundig widerspricht, mag es hingehen. So habe ich damals öfter Fußball gespielt – das konnte ich sogar ganz gut –, habe auf meinen Reisen in die Dritte Welt gelegentlich eine Schaufel oder Hacke in die Hand genommen und – zum Entsetzen meiner Gastgeber – gezeigt, daß Handarbeit auch einen Minister nicht schändet.

Schlimm wird es erst – und deshalb erzähle ich Euch davon –, wenn man selbst über die Klischees redet, wenn man beweisen will: Das stimmt ja gar nicht, ich bin ja gar nicht so, ich bin ja ganz anders. Kurz: wenn man Entschuldigungen sucht.

Ich habe dies nur für ganz kurze Zeit versucht. Dann habe ich gemerkt: Das hat keinen Sinn. Das ist sogar tödlich. Denn damit gibst du zu, daß du verletzt bist, daß da eine Wunde blutet. Wenn aber die journalistische Meute Blut gerochen und geleckt hat, dann läßt sie von ihrem Wild nicht mehr ab, bis es erlegt ist. Wer den Versuch macht, darzulegen, daß er ja gar nicht so sei, wie man ihn abbilde, wer gegen seine Klischees zu argumentieren unternimmt, ist verloren.

Ich habe bald gemerkt, daß meine einzige Chance darin lag, einfach so zu tun, als wüßte ich gar nicht, was da über mich geschrieben und gesagt wird, als seien mir die lichtvollen Kommentare gar nicht bekannt, in denen der naive und doch so gefährliche, der fromme und doch so linke, der verträumte und doch so wirksame Politiker herumgeisterte. Ich tat meine Arbeit, wie ich sie immer getan hatte, redete über die Sachfragen, die mir wichtig waren und ließ die Gegner, die parteipolitischen, die innerparteilichen und die publizistischen, reden, was sie wollten.

Und siehe da, mit der Zeit fielen die Klischees wieder ab, eines nach dem anderen. Erst der Systemveränderer, dann der Sektierer, dann der Traumtänzer. Vielleicht wurden sie langweilig, schließlich darf man, so hätte Adenauer gesagt, nicht immer dieselbe Sau durchs Dorf treiben. Vielleicht wurden sie vergessen, denn jeden Tag erscheint ja eine neue Zeitung. Vielleicht gingen auch einige in Rente, von denen die Klischees stammten. Und vielleicht widersprach auch die Art, wie ich reagierte, der einen oder anderen Karikatur.

Meine lieben Enkel, was ich hier erzähle, hört sich recht locker, vielleicht sogar ganz lustig an. Aber es war gar nicht lustig. Schließlich hatte ich Kinder, Eure Mütter, die in der Schule einiges abbekamen von dem Schmäh in den Medien, eine alte Mutter, die täglich ihre Zeitung las. Und dann waren da die Morddrohungen.

Sie kamen per Post, anonym natürlich, und enthielten oft auch sadistisch genaue Angaben darüber, wie der Feind des christlichen Abendlandes vom Leben zum Tode befördert werden würde. Natürlich, bei den meisten hatte ich den Eindruck, daß da nur jemand seiner kranken Phantasie freien Lauf gelassen hatte. Aber woher sollte ich wissen, ob da nicht doch eine ernsthafte Drohung dabei war? Ich mußte jedenfalls so leben, als gebe es die Briefe nicht.

Nein, das alles hat Kraft gekostet. Und die mußte irgendwoher kommen. Aus dem unerschöpflichen Born einer starken Individualität? Wohl kaum. Schon eher von Freunden, von der Familie. Sie ermutigten mich, sie lachten über die Klischees. Unvergessen das Hexameter-Gedicht meiner ältesten Schwester zu meinem 50. Geburtstag. Da konnten viele befreit lachen über das, was nicht nur zum Lachen war.

Aber ich entging auch nicht der Frage: Wer bin ich denn nun wirklich? Sicher kein fehlerfreier Idealmensch, auch ehrgeizig, nicht ohne Drang zur Macht. Zu meinen Mitarbeitern oft kurz angebunden, sachbezogen bis sachbesessen. Und das ließ viel zu wenig Zeit für die Mitarbeiter, die ja auch Menschen waren mit ihren Sorgen und Wünschen. Nein, meine Fehler waren wohl ganz andere als die, von denen man in der Zeitung lesen konnte, aber es gab genug davon.

Aber wer war ich wirklich? Und wer entschied schließlich, was von mir zu halten sei?

Sicher nicht die Bildzeitung, auch nicht die Frankfurter Allgemeine. Da gab es Menschen, deren Urteil mir wichtig war. Etwa Willy Brandt. Oder Jochen Vogel.

Oder meine Frau, natürlich auch meine Kinder. Aber auch sie trafen nicht die letzte Entscheidung.

Meine lieben Enkel, ich weiß natürlich, daß Ihr unterschiedlich gern in die Kirche geht. Ich will Euch nicht überreden, ich will berichten, daß an diesem Punkt der Glaube wichtig wurde. Ich glaube nicht an das Jüngste Gericht, wenn man sich darunter eine himmlische Gerichtsverhandlung vorstellt, die nur mit Freispruch oder Schuldspruch enden kann, wobei es dann noch Schuldsprüche unterschiedlicher Härte gibt und Freisprüche verschiedener Klassen.

Aber ich kann mir schon vorstellen, daß wir, wenn wir dieses Leben verlassen, mit all dem konfrontiert werden, was wir getan und nicht getan, wie wir geliebt und gehaßt, gehofft und gefürchtet, verletzt und getröstet haben.

Und ich kann mir auch vorstellen, daß da eine Perspektive ins Spiel kommt, die uns überrascht, die nichts zu tun hat mit dem, was wir über uns selbst dachten, noch weniger mit dem, was andere in guter oder böser Absicht über uns sagten. Wahrscheinlich werden wir uns dann schämen. Und das kann eine Qual sein. Aber wir werden nicht abgemeiert, sondern ernst genommen, nicht vernichtet, sondern angenommen.

»Als wollte er belohnen, so richtet er die Welt«, heißt es in Jochen Kleppers Adventslied. Und Heinrich Albertz war überzeugt, daß wir nicht tiefer fallen können als in die Hände des barmherzigen Gottes. Vielleicht sind wir alle verlorene Söhne und Töchter. Aber Jesus hat uns ja erzählt, wie der Vater den verlorenen Sohn empfangen hat. Wahrscheinlich hat sich der auch geschämt, viel mehr, als wenn man ihn gescholten oder gar weggejagt hätte.

Was ist dagegen all das, was andere über uns sagen, sei es klug oder dumm, freundlich oder gehässig? So etwa sahen die Gedanken, Hoffnungen und Überzeugungen aus, die mir halfen, die Klischees Klischees sein zu lassen und zu warten, bis sie abgefallen waren.

Ich hätte dies alles nicht erzählt, wenn meine Erfahrungen nur für die Politik gälten. Zwar kann ich mir vorstellen, daß die eine oder der andere von Euch einmal in die Politik geraten, an einer Bürgerinitiative mitwirken, in eine Partei eintreten, für einen Gemeinderat kandidieren, vielleicht auch den Berliner Reichstag von innen kennenlernen.

Aber darum geht es hier nicht. Was man heute »mobbing« nennt, bedient sich ja fast derselben Methoden, die ich in der Politik kennengelernt habe. Daß sich andere »ein Bildnis« von uns machen, und sei es nur, um darauf herumzuprügeln, das geschieht nicht nur in der Politik. Das kommt vor in Schulen, Betrieben, Behörden, sogar in Kirchen.

Und dann, meine lieben Enkel − und das »lieb« meine ich sehr ernst −, dann versucht nicht, Euch zu verteidigen, indem Ihr beweisen wollt: »So bin ich doch gar nicht! Ich bin doch ganz anders.«

Vielleicht ist solches Entschuldigen im Privaten nicht so tödlich wie in der Politik. Aber hilfreich ist es so gut wie nie. Laßt sie reden! Laßt sie schreiben! Tut das, was Ihr für richtig haltet, manchmal auch, was Euch Spaß macht! Haltet Euch an die, die mit Euch lachen können.

Und vergeßt nie: Das endgültige, gültige, unwiderruf-
liche Urteil über Euch fällt weder die Ulla noch der
Peter, auch nicht der Lehrer oder die Schulzeitung,
nicht einmal der Lokalredakteur der Heimatzeitung.
Das Urteil, das gilt, fällt ein ganz anderer. Er weiß, wer
Ihr seid, und er wird es Euch einst zeigen.

Friedrich Schorlemmer wurde am 16. Mai 1944 geboren. Er studierte Theologie an der Universität Halle. Nach seinem Vikariat in Halle-Neustadt wechselte er als Studieninspektor an die Franckeschen Stiftungen. Von 1971 bis 1978 war er Jugend- und Studentenpfarrer in Merseburg, anschließend Dozent am Evangelischen Predigerseminar und Prediger an der Schloßkirche in Wittenberg. Friedrich Schorlemmer zählte zu den Mitbegründern des »Demokratischen Aufbruchs«. 1990 trat er der SPD bei. Gegenwärtig ist er Studienleiter an der Evangelischen Akademie in Wittenberg.

Für seine Verdienste wurde er 1989 mit der Carl-von-Ossietzky-Medaille und 1993 mit dem Friedenspreis des Deutschen Buchhandels ausgezeichnet.

Ihr werdet in ein neues Jahrtausend wachsen. Unvorstellbar, das dritte Jahrtausend beginnt. Welche zweitausend Jahre liegen hinter uns und hinter Euch! Und was wollt Ihr davon mitnehmen? Ihr werdet nicht neu anfangen können und Ihr werdet neu anfangen müssen. Die Welt ist alt und Ihr seid jung.

Was ist eigentlich an einer Jahrtausendwende so dramatisch? Nichts.

Es ist unsere Zählung, eine kollektive Vereinbarung in unserem Kulturkreis, die an einen Wendepunkt menschlicher Geschichte erinnern soll. Wenn Ihr zählt, müßt Ihr mit bedenken, daß es immer Anno Domini (post Christum natum) heißen müßte.

Es ist Erinnerung an eine Zeitenwende, verbunden mit einer besonderen historisch-kosmischen Konstellation. Einem Stern am Himmel entsprach ein Stern auf der Erde. Ein in einer Hütte Geborener wurde zum »Star« der Jahrtausende.

Es ist Erinnerung an die geschichtliche Wende, in der sich Himmel und Erde berührten und da Ungreifbares greifbar wurde, wo der unnennbare Gott in einem nennbaren Menschen erschien und das bloß Natürliche in einem doppelten Sinne aufgehoben wurde: Der Mensch kann sich von seinen instinkthaften Bindungen lösen; er kann dem Machtwillen die Liebe, der Angst das Vertrauen entgegenstellen. Und auch dem Tod wird seine End-Gültigkeit genommen.

Zweitausend Jahre »nach Christus« heißt, zweitausend Jahre »Christentum«, also viele Kirchen, viele Krankenhäuser, viele Kriege, viele Kreuzzüge, viel Kult, viel Kultur.

Zwischen der Botschaft des Wanderpredigers und der weltweit wirkenden Institution Kirche liegen freilich Welten. Dies wurde in dem sarkastischen Satz zusammengefaßt: »Jesus verkündete das Reich Gottes und gekommen ist die Kirche.«

Und dennoch wirkt seine Botschaft, sein Leben und Sterben weiter wie ein »Licht auf dem Berge«, ein Leuchtfeuer der Hoffnung, wie »Salz der Erde«, brennend in den Wunden der Welt. Das Reich Gottes, eine Welt in Gerechtigkeit und Frieden, das ist wie ein ausgestreutes winziges Senfkorn, dem man nicht ansieht, daß daraus ein Strauch wird, in dem Vögel nisten können.

Auch wenn die Welt sich globalisiert, wie es heute jeden Tag in der Zeitung steht, werdet Ihr in einem abendländisch-christlichen Lebensraum groß werden. Unsere Kultur wird sich ihr Profil erhalten, indem sie andere Kulturen gelten läßt, aber die eigene Kultur nicht vernachlässigt. Wo alles gleich wird, wird alles gleichgültig. Zu viele Menschen wissen von unseren Wurzeln nichts mehr und sind so abgestumpft geworden, daß sie davon auch nichts mehr wissen wollen, geschweige denn verstehen. Das Alles-Wissen-Können führt paradoxerweise zu immer größerer Verdummung und innerster Entwurzelung. Wir meinen viel zu wissen, aber wir wissen nicht mehr, wie Wichtiges von Unwichtigem zu unterscheiden ist. Das hängt mit der von unserer Seele nicht mehr zu bewältigenden Fülle zusammen, die auf Tiefe verzichten muß. Ich glaube, daß es gut für jeden Menschen ist, wenn er weiß und spürt, wo er wurzelt, wo seine Lebensgrundlagen sind, was trägt und was weiterführt, was über den Tag hinaus gilt und dem Leben Sinn gibt. Auch wenn es Euch sehr fremd erscheinen mag, möchte ich Euch die alte Buchsammlung heiliger Bücher, die wir die Bibel nennen, ans Herz legen. Ich bin sicher, daß Euch das guttut. Daß Ihr im Leben besser zurechtkommt, wenn Ihr Euch daraus »erbauen« laßt, überraschende Erkenntnisse gewinnt, neue Fragen stellt, Eure Zweifel formuliert und eine Sprache für die Hoffnung findet. Es sind immer wieder ganz schlichte Geschichten, die auch Euch faszinieren werden, wenn sie Euch in ihrer ursprünglichen Form von Menschen vermittelt werden, die aus ihrer Wahrheit und Weisheit leben. Es sind vielleicht die seltenen Glücksmomente, wenn Ihr solchen Menschen begegnet.

Es sind vielleicht nur drei oder vier Geschichten nötig, um zu verstehen, worum es geht: Vom barmherzigen Samariter. Vom verlorenen Sohn. Vom reichen Kornbauern. Von der armen Witwe.

Jedenfalls will ich Euch sagen, daß die Geschichte und die Geschichten, die im heiligen Buch der Juden und dem heiligen Buch der Christen als »Bibel« zusammengefaßt sind, einen Erfahrungsschatz vermitteln, der Menschen mit sich selbst, mit den anderen und mit dem, was wir »Gott« nennen, verbindet.

Die Bibel ist ein Schatz, der freilich nicht freiliegt, sondern freigelegt werden will. Das macht Mühe und bringt auch Unlust und Unverständnis, Zweifel und Widerspruch hervor. Und dann werdet Ihr wieder eingenommen sein, zum Beispiel von der wunderbaren Geschichte einer Liebe, die von Ruth erzählt und von einer Grenzüberschreitung der Religionen und Kulturen. Oder ein einziger Psalm kann Euch aus Einsamkeit, Angst und Selbstzweifel zu der Gewißheit führen, daß jeder von Euch ganz einmalig, ganz unverwechselbar, ganz unersetzbar, ganz gewollt und ganz geliebt ist und durchs Leben geleitet wird.

Dazu können Euch die Erwachsenen den Zugang eröffnen (oder auch versperren), und Ihr werdet ihn ganz selbständig für Euch finden und Euch aneignen. Es kann Euch alles ganz fremd und ganz fern bleiben, Euch ganz kaltlassen und es kann Euch wie ein Wärmestrom überkommen, wo Ihr aus ganzem Herzen sagen könnt: »Der Herr ist mein Hirte, mir wird nichts mangeln.« (Psalm 23)

»Herr, du forschst nicht, du kennst mich von ferne, du weißt, wie ich es meine.« (Psalm 139)

»Fürchte dich nicht, denn ich habe dich erlöst; ich habe dich bei deinem Namen genannt; du bist mein!« (Jesaja 43,1)

Ihr werdet Zweifel und Verzweiflung darin ausgesprochen finden und aussprechen lernen. »Warum hast du mich verlassen?« (Psalm 22)

Ihr werdet in der Vielfalt der Zeugnisse erfahren, was man sein muß, um ein Mensch zu sein und wie ein Mensch sich verfehlen kann.

Ihr werdet aussprechen lernen, was Schuld ist, Eure Schuld und die Eurer Väter. Und Ihr werdet erkennen, was unentrinnbar und unwiederherstellbar ist. Ihr werdet Eure Stärken als Eure Schwächen und Eure Schwächen als Stärken entdecken und dankbar sein für alles, was Euch mitgegeben wurde.

Und den Reichtum werdet Ihr entdecken, der Ihr selber seid. Ihr werdet die Illusionen erkennen, denen die Welt in immer neuen Variationen verfällt. Selbsttäuschungen treten gerne massenhaft in Erscheinung und bleiben zu lange unbefragt, zum Beispiel als ob mehr »haben« mehr »sein« bedeutet; als ob der Sinn in der Anhäufung von Dingen läge und als wenn ein Mensch die Summe seiner Leistungen wäre.

Vielleicht wird der wichtigste Satz für Euch ganz persönlich, aber auch für die Welt der sieben Milliarden Erdbewohner sein: »Was hülfe es dem Menschen, wenn er die ganze Welt gewönne und nähme doch Schaden an seiner Seele.«(Matth. 16)

Daß alles Leben unverfügbar ist, muß als Gegen-Satz gelten, in einer Welt, in der wir Menschen uns alles verfügbar machen und uns alles jederzeit verfügbar halten wollen. Leben bleibt etwas unverfügbar Kostbares.

Die Menschen haben immer auf Erlösung gehofft und auf einen Erlöser gewartet. Jesus aus Nazareth, der Menschensohn, wird auch der »Erlöser« genannt. Der Erlöser kommt von unten und will bei denen unten bleiben, für die unten da sein. Er setzt der Vergeltung die Vergebung, der gerechten Strafe die Versöhnung entgegen. Er fragt uns, woran wir unser Herz hängen, das ist unser Gott, Abgott oder Götze. Er durchschaut unsere Götzenanbeterei: Geld, Geltung und Macht. Urvertrauen setzt er gegen Urangst, unbefangene Zuversicht gegen unablässiges Sorgen: Er widerspricht der Logik der Macht und der Mächtigen und zerbricht daran; aber Gott gibt ihn nicht auf und gibt ihm einen »Namen über alle Namen«. Während wir zu ihm aufschauen, sehen wir auch den, der »mitten unter uns« ist, den, der »für uns«

da ist, ja den Geschundenen für uns, der uns so erwär-
mende wie ermutigende Worte auf den Weg mitgibt:
»Siehe, ich bin bei euch, alle Tage, bis an der Welt Ende.«
Unseren menschlichen, allzu menschlichen Darstellungs-,
Geltungs- und Überlegenheitsbedürfnissen widerspre-
chend – ohne jeden Vorwurf, aber doch deutlich –, sagt
er schlicht: »Wer von euch der Größte sein will, der sei
euer Diener.«

Wir sollten einander dienen, die einen zu Knechten der
anderen werden, aber keinen zum Knecht machen.
Selbst der Menschensohn ist nicht gekommen, um zu
herrschen, sondern um zu dienen.

Letzte werden Erste, Geschnittene Gewürdigte, Aus-
gegrenzte Dazugehörige, Aussätzige Gereinigte. Arme
entdecken ihren Reichtum. Reiche ihre Armut. Teilen
wird das Losungs-, das Lösungswort. Kinder werden
erhoben, ja zu Lehrmeistern einer erlösten Menschheit;
er nennt das »Reich Gottes«, das man nur empfangen
kann wie ein Kind.

Eine einfache Magd wird zur Gottesmutter. Ein an seiner Rechthaberei und Selbstüberschätzung zerbrechen-
der Fischer wird zum »Fels« der Kirche; ein stotternder
Epileptiker wird zum Herold der befreienden Botschaft
für alle Völker. »Ein Beispiel habe ich euch gegeben«,
sagt er, nachdem er seinen Freunden die Füße gewaschen hat, daß »ihr einander liebt, wie ich euch geliebt
habe«.

Einfache Wahrheiten. Schlichte Sätze. Einleuchtende Bei-
spiele. Für eine umwerfende Praxis, die jede Generation
neu vor sich hat.

Wer sagen kann, »aus Gnade bin ich, was ich bin«, wird

einerseits alles leisten, was er kann, aber weder an seiner Leistung verzweifeln, noch sich durch seine Leistung als Mensch über andere erheben.

Wer diese Welt als ein einziges Wunder zu verstehen mag und nicht aufhört, sich zu wundern, wird zuallererst über das Leben staunen und diesem Staunen Sprache geben – sei es durch Stillsein und Meditieren, Lauschen und Schauen, sei es durch ein Bild, das er sieht oder das er selber malt, durch eine Sonate, die er hört oder ein Lied, das er aus vollem Herzen und aus voller Kehle singt.

Wer sein Inneres entfaltet, braucht nicht viel Äußeres, weil er in allem, was er erlebt, viel entdecken kann. Die Erkenntnis der Dinge, das immer tiefere Eindringen in die Geheimnisse der Natur, die immer weitergehende Nutzbarmachung der Natur, wird ihn nicht dazu verführen, sie einzig und allein als Objekt zu gebrauchen. Er wird sie heilig halten – selber ein Geschöpf unter Mitgeschöpfen.

Die Bibel beschreibt uns Menschen in unserer (ursprünglich nicht entfremdeten) Lebensweise, in einem Garten, in der Welt als Garten, den wir bebauen und bewahren können und sollen. Alles »war verlockend anzusehen und gut zu essen«, heißt es im biblischen Schöpfungsbericht. (Gen. 2,9)

Das Erste ist, daß wir das kindliche Staunen nicht verlernen und der Freude unmittelbar Ausdruck geben, indem wir die Welt mit unseren fünf Sinnen ertasten und erfühlen, erriechen und erhören, besehen und erschmecken. Wir begreifen und bilden Begriffe, wir finden Worte und Töne, wir schaffen uns Werk-Zeuge und Kunst-Werke ... Das Urbild vom »Leben im Garten« enthält zentrale Einsichten, Dinge, die für unser zukünftiges Leben zu bedenken wichtig bleiben: Wer im Garten lebt, lebt im Rhythmus, Tag und Nacht, Sommer und Winter, Säen und Ernten, Werden und Vergehen. Wieder mehr im Rhythmus des Natürlichen zu leben, wird eine Frage unseres Überlebens auf diesem Globus, auf dem alles globalisiert, egalisiert und standardisiert wird, wo wir uns in allem vom Natürlichen entfernen und entfremden.

Der Garten lebt und stirbt mit dem Wasser. Der Umgang mit dem Wasser — und den nicht zufällig so genannten »Regenwäldern« — wird darüber entscheiden, ob die Wüsten weiter so bedrohlich wachsen. Wir Menschen verfügen inzwischen über so große technische Machtmittel, daß es an uns liegt, ob die Erde grün bleibt oder zur trostlosen Wüste wird.

Bebauen und Bewahren sollen wir, also beim Bebauen auch Bewahren! Unsere Eingriffe in den Naturhaushalt nehmen inzwischen gigantische Ausmaße an, Eingriffe, die nicht mehr rückgängig zu machen sind. Wir verbrauchen, wir vernutzen die Natur, von der und in der wir leben, deren Teil wir selber sind.

Der Schutz der Natur vor den Menschen ist längst wichtiger geworden als der Schutz des Menschen vor der Natur. Aber daß diese Erkenntnis noch nicht ökologische Praxis geworden ist, sehen wir am fortgesetzten Raubbau an Bodenschätzen oder an den gigantischen Brandrodungen. Werdet Ihr die Kraft, die wir nicht hatten, aufbringen, diesen Prozeß aufzuhalten und umzusteuern?

Die vierte Erkenntnis aus diesem Mythos vom Urparadies ist die moralisch-ethische Frage, wieviel Energie Ihr daran setzt zu beraten und zu klären: Was ist dem Menschen und der Natur zuträglich? Was ist nur gute Absicht? Was ist nur vordergründig gewinnbringend – also zwar »nützlich«, aber nachhaltig nicht verantwortbar? Was ist uns Menschen angemessen und wie finden wir unser menschliches Maß?

Ich sag' Euch, ich bin froh, daß ich wahrscheinlich es nicht mehr erleben werde, wie Menschen geklont werden. Aber ich fühle mich mitschuldig dafür, daß in meiner Zeit die Voraussetzungen dafür geschaffen wurden.

Und wir ließen in der zweiten Hälfte unseres Jahrhunderts die Frage unbeantwortet, was wir von dem, was wir technisch können, wirklich wollen, sollen oder dürfen.

Werner Heisenberg, Albert Einstein und Nils Bohr quälten noch die mißbrauchbaren Folgen ihrer Erfindungen. Spätere Wissenschaftler kaum noch. Wir waren der moralischen Herausforderung, die uns die technischen Möglichkeiten eröffneten, aufs Ganze gesehen nicht gewachsen. Ich meine, Euer Jahrtausend wird sich auf die Frage konzentrieren müssen, was es wert und würdig ist zu tun und was tunlich zu unterlassen ist.

Euer erstes Jahrhundert wird ein ethisches werden, so wie unsres ein technisches war. Wenn es Euch nicht gelingt, Euch grundlegend und verantwortlich darüber zu einigen, werden alle Pessimisten über die Zukunft der Welt recht behalten, Euer Überleben wird davon abhängig sein, und ebenso werdet Ihr ein lebenswertes Leben auch für Eure Kinder wollen.

Deshalb werdet Ihr zurückblicken, aus Vergangenem lernen und Euch auch aus Vergeblichem belehren lassen.

Ich möchte Euch das alles nicht drohend, sondern besorgt sagen. Ich denke an Eure Zukunft, während ich vor einer wunderbar wild blühenden Wiese, abgeschieden auf einem Berge Umbriens, in der Sonne sitze – und keine Ozonangst habe. Ich genieße die Stille, lasse mich auf wundersame Weise durch das unaufhörliche Zirpen der Zikaden beruhigen. Hier könnte ich alle Besorgnisse ganz vergessen. Und ich möchte einfach, daß Ihr an solch wunderbarer Fülle des Lebens teilhaben und auch Euren Kindern noch davon geben könnt. Ihr werdet viel vom dem, was wir versiegelt haben, wieder aufbrechen, damit wieder mehr Wiesen und nicht noch mehr Landepisten entstehen.

Wir sind im letzten Jahr dieses Jahrtausends wieder einmal in einem technologischen Rausch, wo sich die sogenannte Modernisierung von ethischen Fragen des Überlebens abkoppelt und die Gewinnfrage im weltweiten ökonomischen Wettlauf unter einer wahnwitzigen Beschleunigungsideologie in den Vordergrund rückt, scheinbar unverrückbar.

In meiner Zeit geschah ein Zeitenbruch, in dem eine Langzeitperspektive nicht mitgedacht wurde. Das hat zur Folge, daß das, was wir für die Zukunft nicht voraussehen wollten, von Euch und von Euren Kindern ausgebadet werden muß. Die Natur braucht uns nicht; aber wir brauchen sie. Aus solch einfacher und unabweisbarer Erkenntnis zu leben und praktische Schlüsse zu ziehen, steht Euch erneut bevor. Wir sind daran vorerst gescheitert. Die Ökonomie hat das Heft fest in Händen.

Ich glaube, daß der Schöpfer der Welt diese Erde uns anvertraut hat. Und ich glaube auch, daß wir Menschen in der Lage sind, verantwortlich damit umzugehen. Doch unsere besonderen menschlichen Fähigkeiten sind zugleich unsere besonderen Gefährdungen geworden.

Die Einsicht in das, was lebensverträglich ist, bleibt möglich. Aber sie kommt nicht von selbst. Und ich wünsche Euch dringend, daß rettende Einsicht nicht erst aus furchtbaren Leiden und Katastrophen erwächst. Ihr sollt nicht sagen müssen, es gab einen Zeitpunkt, von dem an Ihr sagen mußtet: »Von da an war es zu spät, die Regenwälder zu retten, die die Lungen des Globus sind.«

Wir sprechen in unserer Zeit vom »point of no return«. Dieser Begriff sollte zu unserer Zeit eine unsere Handlung umkehrende Wirkung haben. Er wurde aber leider zu einer wirkungs- und hoffnungslosen Drohung, die sich in Büchern erschöpfte, die zu Bestsellern wurden. Dies hat im letzten Grund damit zu tun, daß unsere Gier nach Leben unsere Neugier auf Leben dominiert, nicht etwa vorausschauende Verantwortung ...

Ich schreibe dies alles als Pfarrer. Ich denke vom biblischen Menschen- und Weltbild her, das von der Erlösungsbedürftigkeit und -fähigkeit des Menschen ebenso ausgeht wie von seiner tiefen Gebrochenheit, Widersprüchlichkeit und Gespaltenheit, zusammen mit einer hybriden Selbstüberschätzung und Ich-Fixierung. Sollte Gott gesagt haben: »Soll ich meines Bruders

Hüter sein?« Solche Fragen stehen am Beginn des Menschengeschlechts, wollen wir der Genesis, dem »Buch der Entstehung«, Glauben schenken.

Die Bibel nennt dies »Sündenverfallenheit«. Und der Apostel Paulus zeigt unmißverständlich die Schere zwischen Einsicht und Verhalten, Wollen und Vollbringen des Guten. In unserer Sprache heißt das: wir haben vernünftige Einsichten und handeln aus unseren unkontrollierten Trieben dem genau entgegengesetzt.

Aber dieser existentielle Konflikt ist auflösbar, wenn wir Menschen uns von einem neuen Geist anstecken lassen können und aus Hoffnung gegen alle Hoffnungslosigkeit leben.

Jeder neue Tag ist wie ein ganzes Leben und er ist eine Gelegenheit, neu anzufangen.

Wißt Ihr, es gibt zu Beginn der Bergpredigt Ermutigungssätze von bestechender Einfachheit, Klarheit und Wahrheit.

Glücklich, ganz und heil sind die Sanftmütigen, denn sie werden das Erdreich besitzen.

Glücklich, ganz und heil sind die Friedfertigen, denn sie werden Gottes Kinder heißen.

Glücklich, ganz und heil sind die Barmherzigen, denn sie werden Barmherzigkeit erlangen.

Wo könnt Ihr in Eurer Fernseh-, Computer- und Comicwelt friedfertige, sanftmütige und barmherzige Menschen erleben?

In meiner Jugendzeit gab es einen sehr provokativen Spruch: »Macht kaputt, was Euch kaputt macht!«

Ich wünsche, daß Ihr rechtzeitig erkennt, was Euch kaputt macht und wer Euch kaputt macht und wie zynisch mit Euren Gefühlen, mit Euren Sehnsüchten und einer uns Menschen innewohnenden Verführbarkeit und Zerstörungslust umgegangen wird, um damit Geschäfte zu machen.

Sind wir stehengeblieben bei den Vergnügungen, die die Bürger der ewigen Stadt Rom empfanden, als sie zu Beginn des Jahrtausends die Christen den wilden Tieren unter dem Gejohle der Menge zum Fraß vorwarfen und zusahen, wie Gladiatoren sich gegenseitig umzubringen hatten? Oder bei der Schaulust derjenigen, die dabei waren, als die angeblichen Hexen oder Ketzer vor einem sensationsgierigen Volk gefoltert oder verbrannt wurden?

Oder bei der Haltung derer, bei denen es vor nur sechzig Jahren als »Heldentat« galt, jüdische Mitbürger massenhaft zu vernichten? Heute wird primitivste Gewalt, seelenloses Gemetzel, kaltherziges Töten täglich per Farb-TV in jedes Wohnzimmer getragen, Zerstörungskitzel als Einschaltquotenbringer. Besonders Kinder sind dem ohne Hilfe ausgeliefert.

Dann, dazwischen, Schokoladen-, Bier- und Autowerbung. Die Banalisierung menschlicher Leiden und Freuden haben Folgen für unsere Gefühlswelt, ja für unser gesamtes Lebensklima.

Es geht mir nicht um Medienstürmerei, wie man vor zweihundert Jahren vergeblich versuchte, Maschinen zu stürmen. Unsere Freiheit, mit den Medien umzugehen, liegt darin, die Auswüchse einzudämmen und in ebenso bewußter wie entschiedener persönlicher Verweigerung. Gerade jetzt lassen sich wieder Millionen auf der Welt von einem Riesenklamauk betören: Star Wars II –

als Ablenkung von Tarnkappenbombern über Belgrad? Habt gegen diese Welt das einfache Vertrauen, daß in Euch unglaubliche Kräfte stecken, die es Euch als Glück empfinden lassen, einem anderen gut zu sein, behutsam mit allem umzugehen, Frieden zu stiften, Mitempfinden mit allem Lebendigen zu haben, sich selber aufzuopfern für das Wohlergehen anderer.

In der Zeit nach dem 2.Weltkrieg in unserem Jahrhundert bin ich aufgewachsen. Deutsche hatten den Krieg angezettelt, Länder überfallen und erobert, Menschen vor allem im Osten massenhaft deportiert und zu Zwangsarbeitern gemacht, in Konzentrationslager gepfercht, zu Tode geschunden oder vergast.

Auch Ihr seid Deutsche, und was Deutsche angerichtet haben, wird mit unserer wunderbaren Kultur und Sprache auch verbunden bleiben. Darunter gibt es keinen Schlußstrich. Das bleibt eines der finsteren Kapitel menschlicher Geschichte und darf nicht aus dem Gedächtnis »entsorgt« werden, weil Gewissensschärfung durch Erinnerung die Wachsamkeit gegenüber Wiederholungen stärkt.

Viele Gründe für das, was geschehen war, kann man aufführen. Aber letztlich bleibt etwas Unbegreifliches. Auf unsere Kultur und Zivilisation können wir uns nichts einbilden, sie ist gefährdet und in ihren humanen Grundlagen tief erschüttert worden. Sie ist kein Garant. Aber auf die Schätze unserer deutschen und europäischen Kultur können wir bauen, aber nur, wenn wir sie uns aneignen und uns vor jeder Art Überhebung über andere oder vor Ausschließlichkeit unserer Wahrheitsansprüche bewahren. (Martin Luther hat einmal gesagt, der Mensch hat die Hölle in sich. Aber haben wir nicht auch den Himmel in uns?)

Fast alle unsere Städte waren zerbombt worden, nachdem die deutsche »Wehrmacht« halb Europa in Schutt und Asche gelegt hatte.

Ich habe als Fünfjähriger die brandschwarze Ruinenstadt Magdeburg gesehen, und dies hat mich in nächtlichen Alpträumen verfolgt.

Ich habe die russische Besatzung von Kindheit an mit großer Angst erlebt, habe mitbekommen, wie Nachbarn nachts abgeholt und in Zuchthäuser und Lager gebracht wurden. Ich habe so merkwürdige Fremdworte wie Saboteur, Bourgois, Staatsfeind, Diversant, imperialistischer Spion gehört. Unzählige Bauern wurden verjagt, ihre Höfe wurden aufgeteilt und verfielen, bis man große volkseigene Güter und bäuerliche Genossenschaften schuf. Als Sohn eines Pfarrers gehörte ich von vornherein zu den Feinden des »werktätigen Volkes« und wurde als Relikt einer zum Untergang verurteilten Welt behandelt. Nahezu alle anderen Mitschüler waren in kommunistischen Jugendverbänden organisiert, wie es hieß. Meine sechs Geschwister und ich wurden ausgegrenzt und von höherer Bildung ausgeschlossen.

Aber wir alle fanden – unter erschwerten Bedingungen – jeder unseren Weg, nicht ohne Bedrängung, aber ohne den Verlust unserer Würde. Dies alles hing mit der Zweiteilung Deutschlands zusammen. Der östliche Teil gehörte zum Herrschaftsbereich des sogenannten sozialistischen Lagers »unter Führung der ruhmreichen Sowjetunion«. Stellt Euch vor, auf den Schulheften, in die ich meine ersten Sätze schrieb, war das Porträt

Stalins. Er galt als der weiseste Führer aller Völker und Zeiten, bis er vor aller Welt 1956 als einer der größten Verbrecher der Weltgeschichte entlarvt wurde.

In meiner Kindheit wurde er als Befreier der Menschheit gepriesen und wie ein Gott verehrt, zumal die Truppen seiner Roten Armee wesentlich und mit hohen menschlichen Verlusten zur Vernichtung des deutschen Faschismus und zur Beseitigung des »Führers« Adolf Hitler beigetragen hatten, dem die Deutschen bis zum bitteren Ende beinahe blind gefolgt waren.

Nun sollte im östlichen Teil Deutschlands eine neue Gesellschaft aufgebaut werden: Eine soziale Utopie sollte in die Wirklichkeit kommen. Eine wissenschaftliche Weltanschauung, mit einer Partei als Vortrupp der Zukunft wollte mittels Vergesellschaftung der Produktionsmittel und mit Hilfe von Wissenschaft und Technik eine gerechte Welt aufbauen, in der die Ausbeutung des Menschen durch den Menschen abgeschafft werden sollte.

Es ging geradezu um eine Erlösung der Welt von all ihren Gebrechen: eine Welt ohne Hunger und ohne Krieg, ohne Klassen- und Rassenschranken, ohne Ausbeutung und Unterdrückung. Dafür aber wurde für alle soziale Sicherheit, Kultur, Bildung, Gesundheit, Arbeit und Brot versprochen. Manches davon wurde freilich unter großen Opfern erreicht.

Zur schnelleren Erreichung dieser großen Ziele bedurfte es der sogenannten Diktatur des Proletariats, in der die Kommunistische Partei die in ihren Herrschaftsbereichen lebenden Menschen der geistigen Freiheit und individuellen Entfaltungsmöglichkeit beraubte, alle in

Kollektive und in ein Freiheitsdenken einzuzwängen versuchte. Das nannte man die »Linie der Partei«, der man peinlichst zu folgen hatte, auch wenn die Partei öfter abrupt ihre »Linie« revidierte. Änderte ein Einzelner aus eigner Einsicht seine Meinung, nannte man ihn Revisionist. Aus Freunden wurden über Nacht Feinde gemacht.

Dieser Menschheitstraum ist gänzlich an sich selbst und in sich selbst zerbrochen. Das lag auch an einem verheerenden Wettrüsten zwischen den beiden Blöcken, die man »Osten und Westen« oder kapitalistisches und sozialistisches Weltsystem nannte.

Ich habe in meiner Lebenszeit alles, was ich als einzelner tun konnte, darangesetzt, einen dritten Weltkrieg verhindern zu helfen.

Die Waffen, die wir Euch aus diesem Wettrüsten hinterlassen, bleiben eine schwer abtragbare Hypothek.

Die ehemalige Weltmacht Sowjetunion trudelt am Rande des politischen, sozialen und ökonomischen Kollaps' dahin, während die gigantischen Atomkraftwerke, aber auch die Wartungs- und Sicherheitssysteme der Massenvernichtungswaffen immer maroder werden. Atom-U-Boote und ihr radioaktives Potential rosten im Eismeer vor sich hin, während die Weltnachrichten erfolgreich mit Nachrichten über den Euro, den DAX, die Privatsphäre von Prominenten und allerlei Polittratsch ablenken. Auch Eure Zukunft wird nicht ablösbar sein von einem Gedeihen dieses unermeßlich großen Landes im Osten Europas und der entschlossenen Minderung der Weltarmut, die wesentlich durch uns reiche Länder verursacht wird. Und eine international geregelte Abrüstung bleibt dringlich, ebenso Konventionen gegen Minen, die Unterbindung des ungezügelten und unkontrollierten Waffenhandels.

Indes: Die Fragen und Aufgaben, die der Sozialismus gestellt hatte, haben sich nicht erledigt, auch wenn sich das politische System des Sowjetsozialismus erledigt hat. Ihr werdet mehr und mehr ganz alltäglich erleben, daß wir in einer Welt leben, in der sich das Schicksal der einen vom Schicksal der anderen nicht ablösen läßt. Das betrifft zum Beispiel die internationalen Auswirkungen einer Instabilität im flächengrößten Land der Welt, Rußland, oder im bevölkerungsreichsten Land der Welt, China, oder es betrifft das Weltchaos, das steigende Bevölkerungszahlen bei dramatisch steigender Armut auslösen können.

Die Sorge eines jeden Volkes um sich selber und die Mitsorge um das Schicksal der anderen Völker wird in der Organisation der Vereinten Nationen politisch wirksamere Gestalt finden, oder die Welt wird sich dem Kampf aller gegen alle, besonders aber der Stärkeren gegen die Schwächeren wieder ausliefern. Wenn Ihr dies erkennt und nicht gleich aufgebt oder gar gleichgültig werdet, werdet Ihr auch begreifen, daß es in Eurem eigensten Interesse liegt, Euch aktiv um Politik zu kümmern, statt Euch nur um Euer privates Wohl zu sorgen. Das ist mühsam und oft frustrierend, aber es ist notwendig. Ich weiß nicht, ob wir Menschen noch wirksam handeln können oder ob wir nur noch Getriebene der globalen Entwicklung sind. Goethe hat in seinem Gedicht »Der Zauberlehrling« diese Dynamik beschrieben, in dem es heißt: »Herr, die Not ist groß! / Die ich rief, die Geister, / Werd' ich nun nicht los.«

Auch wenn der Erfolg Eurer Bemühungen klein sein wird, so ist doch die Summe vieler kleinerer Erfolge vieler Einzelner ein Erfolg.

Das eine ist, Realitäten und Grenzen nicht zu verleugnen, auch die eignen nicht, das andere ist, sie mit Zuversicht und Sachkenntnis zu verändern und zu überschreiten.

Mich hat in all meinen Unsicherheiten, Zweifeln und Ängsten ein Gedicht begleitet, das einer geschrieben hat, den der Weltkrieg gezeichnet hat:

»Was morgen ist,
Auch wenn es Sorge ist,
Ich sage: Ja.«

Maria Jepsen wurde am 19. Januar 1945 in Bad Segeberg (Holstein) geboren. Sie wollte Lehrerin werden wie ihre Mutter, wählte nach dem Studium der Alt-Philologie und Theologie dann jedoch den Beruf der Pastorin. 18 Jahre war sie Gemeindepastorin in Dithmarschen und in Nordfriesland, bis sie dann 1991 Pröpstin im Kirchenkreis Harburg wurde. Ein Jahr später wurde sie zur Bischöfin für Hamburg gewählt.

Maria Jepsen ist kinderlos und mit dem Pastor Peter Jepsen verheiratet.

Zur älteren Generation gehöre ich inzwischen.

Das merke ich an den ersten Gebrechen, die sich ein-
stellen, von Kopf bis Fuß, aber vor allem daran, daß Euch
Jüngeren vieles nicht mehr bekannt und vertraut ist, was
mir und meinen Geschwistern so selbstverständlich war.
Meiner »Nachkriegsgeneration«, wie wir genannt wurden,
die wir Ende des Zweiten Weltkriegs geboren wurden
und in dem Jahrzehnt danach wesentlich durch Flücht-
lingsschicksale und Wiederaufbau geprägt wurden.

Das merke ich daran, daß ich vieles der jüngeren Generationen gar nicht kenne oder einfach nicht verstehe. Es
reizt mich auch gar nicht. Der spielerische Umgang mit
den neueren Medien beispielsweise – fürs Dienstliche
ja, da nutze ich sie auch. Aber ansonsten bin ich ziemlich altmodisch, suche die persönlichen Begegnungen
und erwarte von der Technik nicht unbedingt mein
Glück.

55 Jahre bin ich im Jahr 2000, und ich gebe zu, dieses
Jahr hat mich als Kind schon fasziniert. Nicht, weil ich
von der Jahrtausendwende und Millenniumsängsten
gepackt war. Nein, schlicht und einfach deswegen, weil
es die Nullen hat. Wie stolz waren meine Freundin und
ich, daß unsere Väter beide 1900 geboren waren. Das
rechnete sich so leicht, das war ein Neuanfang, gehörte
zur Gegenwart schon und war nicht mehr Geschichte.
Ab 1900 war es unsere Zeit, unser Jahrhundert, und das
wird nun abgeschlossen sein. Die Schublade oder Truhe
wird, ist geschlossen.

Und was liegt da nun drinnen, was nicht nur mehr oder
weniger gut geordnet und gestapelt liegenbleiben soll?
Es sind so viele Erfahrungen, die ich machen konnte

und mußte und von denen ich Euch einige ans Herz lege. Ich will sie nicht systematisch auflisten, denn ein Leben ist nie eine so klare Einheit, verläuft nicht stromlinienförmig, sondern ist voll von Umwegen, mit Winkeln und Nischen, mit schönen Alleen und dunklen Sackgassen, aus denen oft nur schwer herauszufinden ist. Von meiner Kindheit will ich zuerst erzählen. Sie war sehr glücklich und überreich an guten Erfahrungen. Materiell gesehen ging es uns nicht übermäßig gut, aber wir hatten ein Zuhause und immer genug zu essen. Und Kleinigkeiten hatten große Bedeutung. Wie waren wir glücklich und stolz, wenn wir Kohlen oder Kartoffeln auf der Straße fanden und nach Hause brachten, wenn wir später hinzuverdienten beim Kartoffelnsammeln und Erbsenpflücken bei den Bauern, beim Laubharken in den städtischen Anlagen oder in einer Fabrik. Geld war wichtig, aber doch ganz anders als heute. Wir konnten uns damit Bücher kaufen oder an einer Jugendfreizeit teilnehmen. Wir lernten die Werte der Kultur kennen, peu-à-peu, kamen in Neuland, eroberten langsam die Welt um uns herum und die Welt der Erwachsenen.

Keine Überstürzung, keine Überfülle. Wie schön ist es, mit Langsamkeit sich an Neues und Fremdes heranzutasten, nicht allein, sondern in der Gemeinschaft mit den Geschwistern, Vettern und Cousinen und vielen Freundinnen. Kinder durften wir sein bis zur Konfirmation, nein auch danach noch, durften Fehler machen, träumen von fernen Zeiten. Ich las Märchen sehr gern und mochte meine Puppen. Wir spielten auf der Straße und am Familientisch. Zeit hatten wir, Zeit miteinander und für uns selber.

Ihr lebt in einer Gesellschaft, in der es viel hektischer ist und in der feste Bindungen rarer geworden sind. Und sicher ist es manchmal so, daß der Anpassungsdruck sehr hoch ist. Dann versucht, Euch dann und wann zurückzuziehen, den Wechsel von Unruhe und Ruhe einzuüben, den Sonntag zu genießen, mit Gottesdienst und festlicher Kleidung. Es müssen ja nicht die obligatorischen weißen Strümpfe von früher sein, aber besonders sollte der Tag schon sein und sich herausheben aus den übrigen.

Wie schön war es, am Sonntagvormittag zusammen zu frühstücken und vorher einen Choral gemeinsam zu singen. Ich habe da viele Liedstrophen gelernt, manchmal auch mit Unlust lernen müssen. Aber heute bin ich froh und dankbar dafür. Ich singe oder summe sie gern und fühle mich getragen von alten Texten, die Paul Gerhardt schrieb oder Martin Luther. Eine Glaubensgewißheit und Lebenstüchtigkeit habe ich da mitbekommen, die mir nicht selten zugute kommt. Manche spätere Krise hätte ich ohne diese eingefleischten Texte gewiß weniger gut gemeistert.

Überhaupt die Texte der Kinderbibeln und die Geschichten aus dem Kindergottesdienst: Sie sind heute noch so stark, und spätere Erkenntnisse haben nicht ähnliche Kraft. Diese haben sich mehr im Kopf angesiedelt, weniger im Herzen. Es sind Bilder, Bildgeschichten, die plötzlich vor Augen stehen. Die Geschichte vom verlorenen Sohn beispielsweise: Der Vater, der seinem Sohn entgegenläuft mit offenen Armen. Oft sah ich mich als eine der Personen: als eifersüchtiger Bruder, als zerknirschter Rückkehrer, fühlte mich gedrängt, ermutigt, selber auf andere zuzugehen. Na ja, es sind nur Männer, aber eine Geschichte, in der Mädchen und Frauen sich ganz wiederfinden können. Eine Anreizgeschichte für unser Miteinander, eine verlockende Glaubensgeschichte.

Ach, es sind so viele Geschichten, die mir oft einfallen und die mich anstacheln. Die von Goliath und David, dem kleinen Jungen, der voll auf Gott vertraut und damit stärker ist als der Riese in seiner Rüstung. Und Mirjam, die Prophetin, mit den Frauen, die singt und tanzt, mit der Pauke den Takt schlägt, und ohne Angst und Zögern ziehen sie los, weiter, immer weiter.

Kurz: Schreibt Euch biblische Geschichten, Verse, Texte auf – sie sind so kostbar –, und erzählt sie Euch und anderen.

Nein, das ist nicht nur etwas von früher, das ist auch etwas für die Zukunft und für jeden Tag, für heute und morgen. Von meiner Kindheit wollte ich Euch erzählen und bin voll in der Bibel gelandet.

Kein Wunder: Diese andere Welt hat mich immer fasziniert als Alternativwelt. Die Bibel als unbestechliche Begleiterin, Anleiterin, als Ermahnerin und Mutmacherin. Aktuell in vielen Aussagen, auch wenn diese fast 3000 Jahre alt sind oder knapp 2000 Jahre wie das Neue Testament. Und ich bin sicher, auch in hundert und in tausend Jahren sind diese Texte nicht verblaßt. Der Zugang zu ihnen ist unterschiedlich. Es werden neue Deutungen hinzukommen, und es gibt immer unterschiedliche Lieblingstexte.

»Bet' und arbeit'! ruft die Welt.
Bete kurz, denn Zeit ist Geld.«

Diese Zeilen stammen aus der frühen Arbeiterbewegung; irgendwo habe ich sie aufgeschnappt, und sie haben mich seitdem seltsamerweise immer wieder fasziniert und geärgert zugleich.

Welche Erfahrungen und Erwartungen stecken dahinter! Arbeit, Arbeit über alles. Viele Leute mußten hart schuften – Männer, Frauen, Kinder –, um zu überleben, später, um gut leben zu können.

Mich ärgerte dieses Gedicht, denn es gaukelt uns vor, daß Zeit für Gebet, für Gottesdienst, für Glaubenserlebnisse und Reflexionen sinnlos ist, zu schade ist.

Und heute ist das ähnlich: Nicht aus materieller Not heraus, sondern aus Gewinngier, aus Materialismus neuerer Art heraus, nehmen die Menschen sich kaum oder gar keine Zeit fürs Gebet und für die Auseinandersetzung mit Glaubensfragen, nehmen sich keine Zeit für sich selber.

Bete kurz! Mit einem fromm klingenden Werbespot: Zieh Dir einen frommen Hit hinein, nimm ein Event mit Glaube, light and short, wie einen Mars-Riegel oder einen Schuß.

Die Rundfunkandachten wurden gekürzt von fünf Minuten auf anderthalb Minuten. Gott braucht nicht mehr Zeit, so meint man.

Martin Luther sagte zwar auch einmal, kurz solle man beten, doch er fügte hinzu: »Aber oft und stark.« Und daneben muß auch seine Empfehlung beachtet werden, je mehr Arbeit da ist, desto mehr Zeit brauche ich fürs Gebet. Das ist auch eine Erfahrung, die ich immer wieder gemacht habe – je mehr Hektik, je mehr Unruhe, desto eher greife ich zur Bibel und lese in den Psalmen.

Dann merke ich plötzlich: Mein gegenwärtiges Problem ist so klein im Vergleich zur Macht und Ewigkeit Gottes. Der Wechsel von Arbeit und Gebet, das gegenseitige Sich-Durchdringen, das tut gut und hilft weiter. Versucht es immer mal wieder.

Und laßt die Kunst nicht an Euch nur vorüberziehen. Es gibt so viele interessante Museen und Ausstellungen, die deutlich machen, was Menschen bewegt und beschäftigt, was schön und anstößig ist, Herz und Gemüt anregt oder beruhigt. Meint nicht, Ihr müßtet alles selber machen. Laßt Euch von anderen beraten, beschenken und sucht Euch Menschen, denen Ihr vertrauen könnt, mit denen Ihr über alles reden und schweigen könnt, was Euch bedrückt, erfreut oder beschäftigt. Etliche Freunde hat heute fast jeder, jede, aber meistens sind es nur Bekannte. Ich halte nach wie vor Treue für sehr wichtig, nicht nur in der Ehe, auch bei Freundschaften. Oder nennt es Verläßlichkeit. Einer, der zuhört und kritisch sein kann, eine, die Ihr zu jeder Tag- und Nachtzeit um Rat bitten könnt. Und wenn Ihr erwachsen werdet und einen Beruf wählt, bemüht Euch, einen zu finden, der Euch innerlich befriedigt, in dem Ihr ganz gefordert seid, mit Leib und Seele.

Und falls das nicht möglich sein sollte, versucht Eure übrige Zeit sinnvoll zu nutzen, für Euch, für andere. Verkriecht Euch nicht in Euer eigenes Schneckenhaus, mischt Euch ein, wo Gleichgültigkeit und Ungerechtigkeit herrschen. Seid mutig, wenn andere angegriffen und diskriminiert werden. Und sucht Gespräche und Begegnungen nicht nur mit denen, die ähnlich denken und glauben wie Ihr.

Wenn ich zurückblicke auf die gut fünf Jahrzehnte meines Lebens – wie hat sich meine Umwelt geändert und ich selber mich auch. Die Kleinstadt, in der ich aufwuchs, war geprägt vom Beamtentum, vom Landkreis mit den Gütern – und dann durch die Flüchtlinge, die hinzugekommen waren und integriert werden sollten. Ein wenig schwer tat man sich schon, und ich erinnere mich gut an die Arroganz vieler Einheimischer, die auf die Leute aus dem Osten herabsehen und sich über den Dialekt mokierten und die – vorhandenen oder angeblichen – Rittergüter.

Inzwischen gibt es diese Kluft nicht mehr. Ein Lastenausgleich fand statt, und die Familien sind längst gemischt, vermischt. Für die Enkel der Flüchtlinge ist die Heimat der Großeltern nicht mehr ein Ort der Sehnsucht oder des Zuhauses. Sie haben ihre festen Wurzeln mitten unter uns und fahren vielleicht ins frühere Pommern, Ostpreußen und Schlesien, um zu sehen, wo ihre Vorfahren einmal lebten. Fahren aber bewußt und mit fester innerer Überzeugung nach Polen und Rußland.

Meine Kleinstadt von früher und die Großstadt, in der ich heute lebe, haben neue Veränderungen erlebt. Neue Menschengruppen sind hinzugezogen. Waren es zuerst sogenannte Gastarbeiter, so später dann Flüchtlinge und Asylsuchende. Man sieht es auf der Straße, in den Schulen und Betrieben, in den Medien auch. Neben den italienischen Eisdielen der 50er Jahre gibt es längst griechische, spanische und türkische Restaurants, chinesische Speisepaläste und die amerikanischen Fast-Food-Ketten.

In einer multikulturellen, multireligiösen Gesellschaft und globalisierten Welt leben wir. Das ist kaum rückgängig

zu machen. Warum auch? Eine große Chance sehe ich
darin, daß wir unsere verschiedenen Traditionen zusam-
mentragen, nicht vermischen, aber doch im Miteinander
uns befragen, was uns trägt, wie wir uns verwurzelt sehen
und welche Wertvorstellungen und Hoffnungen uns leiten.
Wir können dabei die eigene Besonderheit viel deutlicher wahrnehmen und herausstellen.

Das christliche Abendland ist nicht mehr einheitlich,
wenn es das überhaupt mal war. Wir sind dicht zusam-
mengerückt, und es kommt nun darauf an, daß wir mit
Toleranz und Neugier einen gesellschaftlichen Konsens
anstreben, Religionsfrieden, Weltfrieden, ohne eigene
Absolutheitsansprüche.

Es wird notwendig sein, daß wir uns gegenseitig um
Integration bemühen, neugierig bleiben, werden, von
einander lernen. Gewiß kann das über Essen und Trinken angestoßen werden, aber weitere Begegnungen und
Gespräche sollten schon dazukommen.

Wir sind zwar schon weiter als meine Großmutter, eine
höchst aufgeschlossene, moderne Frau. Als wir um 1960
auf dem Hamburger Flughafen waren, blieb sie plötzlich
verdattert stehen und schrie: »Ein Neger!« Es war der
erste schwarze Mensch, den sie leibhaftig vor sich sah.
Sie konnte das Wunder kaum fassen. Später fügte sie
hinzu: »Daß ich das noch einmal erleben durfte, ein
Afrikaner bei uns«, und sie erzählte uns vom Kämmerer
aus dem Mohrenland, der seinem Volk den christlichen
Glauben gebracht hatte. Im nachhinein fühlte sie sich
bereichert und übermäßig beschenkt.

Schwarzafrikaner leben heute viele unter uns; aber sie
werden eher als Belastung gesehen, und viele haben

Angst vor ihnen. Unser fröhliches Kinderlied »Wer fürchtet sich vorm Schwarzen Mann« wird auf den Straßen oft mit erschreckender Brutalität gespielt. Ein böser Rassismus, der nicht aufhören will – und doch aufhören muß. Würden wir alle uns doch freuen, wenn wir Menschen aus anderen Ländern, Kulturen und Erdteilen treffen, würden wir doch gastfreundlicher sein. Da setze ich viel auf Euch, die Ihr in einer multikulturellen Welt aufwachst und viele alte Vorurteile über Bord geworfen habt. Doch seid wachsam, damit nicht wieder oder weiter böse politische Parolen und Angstmachereien zur Geltung kommen.

Wer fremde Länder besucht, im Urlaub oder dienstlich, sollte sich auch über fremde Menschen bei uns freuen. Wir alle sind doch Kinder des einen Gottes, die Schwarzen, Weißen, Roten, Gelben, wie es das Kinderlied sagt. Ach, es gäbe noch manches, was ich Euch mitteilen möchte, mitgeben an guten Ratschlägen. Insbesondere auch über die Chancengleichheit und überhaupt Anerkennung von Frauen. Doch das ergäbe einen ganz neuen Brief; ich komme irgendwann später darauf zurück.

Denn diese Frage läßt mich nicht los, und ich denke, daß Ihr hier sehr aufmerksam sein müßt. Dies soll reichen für heute, und ich schließe mit dem Wunsch für Euch: Laßt Euch jeden Tag neu beschenken und aufrichten. Geht Euren Weg im Namen Gottes mit der Unerschrockenheit freier Christenmenschen und in dem Vertrauen und Glauben, daß Ihr wichtig seid für Gott, für die anderen und für Euch selbst. Jeder, jede von Euch ist unendlich kostbar und wirklich einmalig. Seid nicht Kopien von anderen, seid Ihr selber. Nicht mehr, aber auch nicht weniger.

Michael Groß wurde am 17. Juni 1964 in Frankfurt am Main geboren. Er studierte Germanistik, Politik- und Medienwissenschaften in Frankfurt. Im Anschluß daran promovierte er über »Ästhetik und Öffentlichkeit«.

Michael Groß war der herausragende Schwimmer der 80er Jahre. Er wurde dreimal Olympiasieger, fünfmal Weltmeister und 13mal Europameister. Zu seinen Spezialdisziplinen gehören 200 m Freistil sowie 100 m und 200 m Schmetterling.

Michael Groß ist verheiratet und hat zwei Kinder.

Olympische Spiele 2076 in New York. In vielen Wett-
kämpfen fallen Weltrekorde. Die erste Generation »ge-
züchteter« Athleten geht an den Start. Geklont von
skrupellosen Wissenschaftlern. Ich bin aber froh, daß
meine Familie, Ihr liebe Enkel, »echt« seid.

Das Klonen von Menschen wird in einigen Jahrzehnten
technisch machbar sein – und auch gemacht werden. Da
bin ich mir sicher. Der Schöpfung wird nicht nur nachgeholfen, sie wird mittels identischer Reproduktion
vollständig kontrolliert. Und im Sport, wo der menschliche Körper sich für Züchtungen besonders gut eignet,
wurden ja auch schon im 20. Jahrhundert die neuesten
medizinischen Tricks ausprobiert – ob verboten oder
nicht.

Der Anreiz, im Triumph Ehre und Reichtum zu erlangen, siegt nach wie vor bei einigen Athleten über die
Angst, erwischt und bestraft zu werden.

Was der Mensch bislang entdecken konnte, hat er auch
verwirklicht. Diese Grenzerfahrung strapaziert ethische
Werte und verletzt verbindliche, die Gemeinschaft ver-
bindende Maßstäbe, zum Beispiel Toleranz gegenüber
anderen Menschen oder auch Respekt vor der Schöpfung.

Aber wie schon so häufig seit der Aufklärung, also in
den beiden Jahrhunderten des letzten Millenniums, ist
es mitunter gerade das Verletzen von moralischen
Kategorien, die deren Erneuerung fördern. Denn die
Substanz und Stärke eines Prinzips bewährt sich besonders in Momenten des Angriffs. Die Katastrophe als
notwendige Chance?

Besser wäre es, wenn Ihr, liebe Enkel, aus unserer

Dummheit lernt, dem Reiz des Neuen, dem Trieb des Menschen nach Entdeckung Widerstand leistet. Fortschritt durch Verzicht! Gerade im Sport wurden zu meiner Zeit stets die neuesten medizinischen Tricks ausprobiert – ob verboten oder nicht. Das müßt Ihr nicht mitmachen!

Entscheidend wird es sein, den Drang der Menschheit, Schwellen zu überschreiten, Grenzen auszuloten und das Machbare auch zu machen, im Zaum zu halten.

Nicht nur im Sport. Und das im eigenen Interesse und aus sich selbst heraus, quasi aus freiwilliger Überzeugung. Gesetze und Sanktionen sind die Pflicht, dieses Ziel zu erreichen. Ein akzeptiertes Wertesystem ist die Kür, um »Sicherungen« zu schaffen, daß jeder für sich urteilen kann, welche Schwelle zu überschreiten in den Abgrund führt.

Nach wie vor muß gelten: Handele so, daß die Maxime Deines Handelns Grundlage einer allgemeinen Gesetzgebung sein könnte. Ein unerreichbares Ideal, das es in jeder Sekunde des Lebens lohnt anzustreben.

Denn sind es heute Doping und Drogen, kommen morgen Gen- und vielleicht sogar Computer-Manipulationen dazu. Wird es möglich sein, durch Einpflanzen eines Chips, die Hormonzufuhr zu steuern, Leistung zu steigern oder gar Menschen fernzusteuern? Was in der Medizin für Kranke Hoffnung und Fortschritt sein kann, wird bei Mißbrauch fatale Folgen haben.

Widersprüche werden sich zukünftig verstärken. Gut und Böse rücken enger zusammen. Die Menschheit und das Individuum wandeln auf einem immer schmaleren Grat zwischen Selbstverwirklichung und Entfremdung.

Einig ist man sich nur noch darin, eigenverantwortlich sein Glück zu suchen.

Das amerikanische Versprechen des »Pursuit of Happiness« gilt mittlerweile weltweit als der einzige Common sense – für den Broker in New York genauso wie für den chinesischen Bauern. Erlaubt ist, was gefällt, so lange es allen Spaß macht, niemanden stört, die Umwelt nicht noch mehr schadet und einigen Geld bringt.

Nur gut, daß für das Überschreiten von Schwellen immer die Freiheit, das Anderssein und Innovationsfähigkeit nötig sind. Im Wettstreit der Kräfte wird zumindest keine Monotonie aufkommen. Ständige Berieselung und Unterhaltung fördern das Gegenteil – Information und Bildung.

Das Neue braucht die Tradition als Folie. War bei uns im letzten Jahrhundert für TV-Sender das »Busen-Fernsehen« quotenfördernd, erreichen um das Jahr 2000 auch harte Informationen wieder höchste Marktanteile. Und bei Euch, liebe Enkel?

Wir befinden uns am Beginn einer »Mediatisierung«, dem entscheidenden Merkmal des Informationszeitalters: Nur was kommuniziert oder kommuniziert wird, ist wirklich. Der Maßstab für die Epochenschwelle, an der wir stehen, lautet: Kommunikation ist nicht alles, aber ohne Kommunikation ist alles nichts. Eine Selbstverständlichkeit für Euch, liebe Enkel.

Meine »Schwellen-Angst«: Zum einen, daß sich die Inhalte von ihrer Vermittlung lösen. Denn Information wird für Eure Generation sicher der wichtigste Rohstoff sein. Doch die Menge an Informationen reicht schon heute längst nicht mehr aus, den kollektiven Medienhunger und den individuellen Informationsdurst zu stillen. Heißt das: Immer mehr vom gleichen? Die richtige Vermittlung des Handelns könnte wichtiger werden als richtiges Handeln.

Oder umgekehrt: Falsches Handeln wird durch seine optimale Vermittlung richtig. Was bei uns in der Politik üblich war, könnte bei Euch, liebe Enkel, alltäglich werden.

Die Folgen, wenn jeder Mensch jederzeit über alle Informationen der Welt verfügt und mit der Welt (vom Pentagon bis zum Versandhaus) in Kontakt treten kann, sind vielfältig.

Der »Weltbürger« von morgen wird *seine* und nicht mehr *die* Welt begreifen. Man kann schon heute mehr Informationen verarbeiten als je zuvor und versteht immer weniger das Ganze.

Meine Hoffnung: Gerade weil zunächst dieser Prozeß permanenter »Weltkonstruktion« die (häufig kritisierte) Auflösung des Gemeinsinns beschleunigt, wird das Streben nach Gemeinsamkeit im gleichen Maß zunehmen. Denn der Mensch, der sich allein im Prozeß der »Mediatisierung« steuert, empfindet eine innere Haltlosigkeit, strebt nach Gemeinsamkeit und fördert so den sozialen Halt zwischen den Individuen.

Je mehr im Internet gesurft und gechattet wird, desto mehr wächst der Wunsch, Gemeinschaft konkret zu erfahren. Dienstleistungsgesellschaft und Informationszeitalter werden sich deshalb zu einer Erlebnisökonomie weiterentwickeln.

Identität zu schaffen und Authentizität zu versprechen ist ihre Grundlage, um aus Individuen eine Gemeinschaft zu erzeugen und diese vor allem gewinnbringend mit allen Bedürfnissen zu versorgen.

Maßgebend, ob dieser Trend hin zu einer Erlebnisökonomie Fluch oder Segen ist, wird der Grad der Inszenierung, also der Vermittlung von Wirklichkeit sein.

Letztlich müssen auch in Zukunft die Prioritäten stimmen: Die Wichtigkeit der Vermittlung sollte von der Richtigkeit des Handelns ausgehen – und eben nicht umgekehrt. Erst wer richtig gehandelt hat, oder zumindest danach strebt, sollte sich auch um die Darstellung seiner Tat kümmern.

Eine Herausforderung für jeden: Schon jetzt wird die Beurteilung des Handelns mittlerweile stark von dessen Vermittlung geprägt. Es wird an uns liegen, die Balance zu halten. Kurz: Das Wertesystem zur »Schwellenregulierung« muß der stabilisierende Faktor sein. Dazu muß nichts Neues mehr erfunden werden. Die aufgeklärte christlich-humanistische Tradition, in der wir alle aufwachsen, bietet dazu eine Basis, die sich jedoch permanent bewähren und damit weiterentwickeln muß. Jeder ist aufgefordert, sein Stück beizutragen – ob in der Erziehung, beim Umgang mit seinen Freunden oder im Respekt vor Andersdenkenden.

Mediatisierung bedeutet insofern auch, den Bedeutungsgewinn von Kommunikation aktiv zu gestalten, ein Zerfasern und eine Beliebigkeit zu verhindern. Voraussetzung dazu ist, Inhalte weiterhin deutlich getrennt von ihrer Darstellung wahrzunehmen. Was sich im Prinzip als selbstverständlich anhört, wird in Zukunft, wenn mit reiner Vermittlung sehr viel Geld verdient, Wahlen gewonnen und Macht zerstört werden kann, immer anspruchsvoller.

Liebe Enkel, fragt immer, was wo dahinter steckt. Seid kritisch – auch gegenüber Euch selbst. Prüft, ob jemand wirklich etwas zu sagen hat oder nur »rumplappert«.

Falls Ihr, liebe Enkel, diese »Schwellen-Herausforderung« nicht besteht, wird vieles Undenkbare plötzlich vermittelt – und damit auch realisierbar. Was in einigen Köpfen als Idee umherschwirrte, wird dann, egal ob gut oder schlecht, risikolos in die Tat umgesetzt, denn: Hauptsache, man bringt es gut rüber.

Plötzlich wäre es dann vielleicht doch vorstell- und durchführbar, Menschen zu züchten. Die Verantwortlichen werden fragen: Was kann denn so schlimm daran sein, das Menschen mit der richtigen Gen-Kombination auch fabelhafte Weltrekorde schwimmen können und das ganz ohne dieses völlig veraltete, gesundheitsschädliche Doping?

Eins kann ich Euch versprechen, was die Olympischen Spiele der kommenden Jahrzehnte anbetrifft: Meine Gene habe ich ganz traditionell weitergegeben – an meine Kinder –, und die werden sie hoffentlich auch an ihre vermitteln.

Chancen und Risiken der Zukunft liegen auf der Hand: Für die Naturwissenschaft und den technischen Fortschritt repräsentiert in der Gentechnik, für die Ökonomie deutlich erkennbar in der »Mediatisierung« des gesamten Lebens innerhalb der Informationsgesellschaft.

Und sonst? Wo bleibt der Glauben, wo die Geistesentwicklung? Sie sind keine Erfüllungsgehilfen! Sie dürfen nicht alles und jeden legitimieren! Zugleich darf diese Verweigerung jedoch nicht in eine gewählte oder gar verordnete Innerlichkeit führen. Mahner in der Wüste also? Propheten, die im eigenen Land ohnehin schon lange nichts mehr gelten?

Meine Enkel, Ihr werdet es noch schwerer haben, den Spagat zu schaffen: Das eigene Leben zu gestalten und zugleich, ob gewollt oder unbewußt, für die Gemeinschaft zu arbeiten.

Das Individuum und Individualität werden immer wichtiger, stehen im Mittelpunkt des Lebens, der Wissenschaft und Ökonomie. Und gerade dadurch wird sich der Mensch, auch ihr liebe Enkel, immer einsamer fühlen. Denn die Summe vieler starker Individuen reduziert die Möglichkeit, Gemeinsames zu entdecken – außer der gegenseitigen Bestätigung, nichts Gemeinsames zu haben.

Diese Krise ist absehbar und vorderhand eine große Gefahr. Nicht nur für die Identität des Einzelnen. Zum Beispiel politisch ist jede Sehnsucht nach Gemeinschaft und Identität optimal nutzbar – für welche Ziele und Ideologien auch immer. Das gilt besonders dann, wenn etablierte Machtstrukturen mit der neuen Identität der Menschen nichts mehr anfangen und aktuelle Aufgaben nicht lösen können.

So kam es auch zur Vereinigung der deutschen Staaten anno 1989. Jedes System, das seine Kompetenz, Probleme zu lösen, verliert, wird auf kurz oder lang spontan oder kontinuierlich seine Macht einbüßen.

Und für den demokratischen Rechtsstaat wird das 21. Jahrhundert zur Probe werden, wenn im Internet jeder weltweite Kommunikationsmacht besitzt und nur ein demokratisch legitimiertes und von den Bürgern anerkanntes Weltgesetz den einzelnen Menschen überhaupt noch Rahmenbedingungen vermitteln kann.

Auch wenn ich mich gerne vom Gegenteil überraschen lassen werde: Ich bin überzeugt, daß die derzeitigen Machtstrukturen an der Aufgabe, dem Weltbürgertum eine Verfassung zu geben, scheitern werden.

Was Ihr, liebe Enkel, aber tun könnt, ist, am Bewußtsein des Weltbürgertums mitzuwirken, das die Grundlage dafür ist, die politischen Herausforderungen zu bewältigen. Darin liegt die Chance und eine konkrete Verpflichtung für jeden Einzelnen.

Denn wie immer in der Geschichte: Einige werden Vorbild für den großen Rest sein, müssen vorangehen, den Weg weisen.

Das 21. Jahrhundert wird insofern wieder ein Jahrhundert der Helden sein müssen. Von Helden allerdings, wie sie die Geschichte bisher noch nicht gekannt hat.

Diese Helden werden Menschen sein, die die religiösen Gegensätze überwinden, ohne die einzelnen Religionen aufzulösen. Menschen, die die kulturellen Unterschiede verstehen und gemeinsame Traditionen freilegen. Menschen, die das Gemeinsame für alle Individuen verkörpern. Menschen, die diese Helden Menschen bleiben lassen. Und Menschen, die gemeinsam in der Wirklichkeit, in ihrem Alltag das schaffen, von dem ich hier nur zu träumen wage – eine die Welt umspannende Bürgeridee.

Es gibt für Euch, liebe Enkel, viel zu tun. Ich wünsche

Euch viel Glück und Mut bei den großen Herausforderungen. Und merkt Euch: Das Leben ist eben deshalb schön, weil es nicht einfach ist.

Eberhard Gienger wurde am 21. Juli 1951 in Künzelsau geboren. Nach einem Trainingsaufenthalt in Japan ließ er sich als Diplomsportlehrer ausbilden und studierte im Anschluß daran Russisch und Englisch. Große sportliche Erfolge durchziehen die Jahre 1971 bis 1981: Eberhard Gienger wurde 36facher Deutscher Meister, dreifacher Europameister am Reck, dreifacher Vize-Weltmeister am Seitpferd und Reck und dreifacher Welt-Cup-Sieger. Bei den Olympischen Spielen in Montreal erreichte er 1976 den dritten Platz.

Von 1981 bis 1988 arbeitete er in einer Promotionabteilung, anschließend als Leiter einer Sportmarketing-Abteilung. Seit 1990 ist er Geschäftsführer der Eberhard Gienger pro-motion GmbH. Er ist verheiratet und hat drei Kinder.

Lieber Enkel, liebe Enkelin,

ich habe mir lange überlegt, was ich Euch auf Eurem Lebensweg mitgeben möchte, ganz besonders vor dem Hintergrund der Jahrtausendwende, die im kommenden Jahr ansteht und für sehr viele Menschen ein ganz bedeutender Augenblick sein wird. Wir können heute noch kaum absehen, was in den kommenden Jahrzehnten an Neuem und zunächst vielleicht Fremdem auf uns einwirken und uns in die eine oder andere Richtung beeinflussen wird.

Etwas Neues macht vielen Menschen zunächst einmal Angst. Sie wissen nicht, worauf sie sich einlassen sollen und sind unsicher über die Auswirkungen, die ihr Verhalten mit sich bringen wird. Das ist völlig normal.

Auch Ihr werdet in Eurem Leben noch viel Neuem und Unbekanntem begegnen; manches davon wird Euch zunächst auch Angst machen, anderes dagegen werdet Ihr einfach angehen und bewältigen, ohne lange zu überlegen oder Euch Gedanken über die möglichen Konsequenzen zu machen. In manchen Situationen werdet Ihr Euch schwach, verzweifelt und hilflos vorkommen, in anderen wiederum stark, selbstbewußt und unantastbar. Ihr werdet Zeiten erleben, in denen Ihr zutiefst trauert und andere, in denen Ihr alles Glück der Welt gepachtet zu haben scheint.

All dies gehört zum Menschsein. Wir alle haben Stärken und Schwächen, wir erleben Erfolge und Niederlagen und müssen lernen, mit beidem umzugehen.

Was also möchte ich Euch auf Eurem Weg mitgeben? Für mich stehen die folgenden fundamentalen menschlichen Grundwerte an oberster Stelle: Toleranz, Respekt und Offenheit dem anderen gegenüber. Ob in der eigenen Familie, Freunden oder Fremden gegenüber – ohne Eure Gegenüber zu akzeptieren so wie sie sind, mit all ihren Eigenarten, ihrem kulturellen und sozialen Hintergrund, werdet auch Ihr selbst von Ihnen nicht anerkannt werden, noch vielleicht einmal unter ihnen leben können. Wir befinden uns in einer multikulturellen Gesellschaft, die die Möglichkeit hat, problemlos weltweit miteinander kommunizieren und zusammenarbeiten zu können.

Durch meine sportliche Laufbahn hatte ich schon zu Zeiten die Möglichkeit, enge Beziehungen zu Menschen anderer Länder zu knüpfen, als es noch erheblich schwieriger war, insbesondere im damaligen Ostblock oder auch in den asiatischen Staaten, zwischenmenschliche Kontakte aufzubauen, die einigermaßen frei von politischen oder wirtschaftlichen Einflüssen waren.

So bekam ich zum Beispiel als einer der wenigen westlichen Sportler, durch die Hilfestellung des damaligen NOK-Präsidenten Willi Daume, 1977 die große Chance, während eines mehrwöchigen Trainingsaufenthaltes in Moskau und Leningrad zu erfahren, was für eine Bereicherung es für einen selbst bedeutet, sich mit der Lebensart und den Überlieferungen anderer Kulturen auseinanderzusetzen.

Zunächst einmal war ich von den russischen oder damals sowjetischen Trainern angenehm überrascht, daß sie mir als einem »Klassenfeind« genausoviel Zeit und Kraft widmeten wie ihren eigenen Turnern. Ich durfte feststellen, daß sie stolz waren auf die Erfolge, die ich aufgrund des Trainings mit ihnen erzielt habe – also nichts von Geheimnissen, die man einem Training im Osten gerne andiente.

Desweiteren durfte ich feststellen, daß der Gast »heilig« ist, daß man sich freut, einen Gast bewirten und beherbergen zu dürfen und dafür sein letztes Hemd auszieht. Diese Erfahrung habe ich bei meinen Besuchen in Privathäusern in Moskau und Leningrad immer wieder machen dürfen.

Jahre zuvor – nämlich 1971 – durfte ich fast ein halbes Jahr in Tokio an der Nittai Universität verbringen und sowohl mit den japanischen Weltklasseturnern zusammen trainieren als auch der traditionsreichen und für uns Europäer manchmal vielleicht schwer verständlichen japanischen Kultur und Lebensweise näher kommen.

Hier ergaben sich immer wieder neue Situationen, in denen ich begreifen und lernen mußte, daß nicht für jeden Menschen automatisch die gleichen Vorstellungen und Denkweisen gelten müssen wie für den normalen, einigermaßen gebildeten Mitteleuropäer.

Besonders die Altershierarchie machte mir damals zu schaffen. Altershierarchie bedeutet, daß einer, der älter ist als man selber, und sei es auch nur ein Jahr, das Sagen hat. Ich kam als Zweitsemester nach Japan und hatte demzufolge zwei ältere Jahrgänge über mir. Wenn mich einer der älteren japanischen Turner zum Bier oder Cola holen geschickt hat, so hätte ich in Deutschland mit Sicherheit gesagt: »Geh und hol Dir's selbst!« In Japan habe ich geschluckt und bin losmarschiert. Im nachhinein war mir klar geworden, daß es gut tut zu wissen, wie man sich fühlt, wenn man in der Rolle des Ambosses ist und nicht in der des Hammers. Im Umgang mit seinen Mitmenschen entwickelt man dadurch mehr Verständnis für den anderen und findet vielleicht auch zu einem freundlicheren Umgang mit einem Untergebenen.

Lieber Enkel, liebe Enkelin, es ergaben sich natürlich über den Sport für mich noch viel mehr Gelegenheiten, fremde Länder und Sitten kennenzulernen bzw. mich mit manch komischen Situationen in anderen Ländern auseinanderzusetzen, die aufgrund von Unwissenheit über die jeweiligen Lebensgewohnheiten und kulturellen Hintergründe entstanden.

So wollte ich einmal in Peking mit dem Taxi von der Wettkampfhalle zum Hotel Sheraton zurückfahren und fragte den Fahrer, ob er Englisch spricht, was er mit einem freundlichen Lächeln und Kopfnicken bejahte. Ich sagte ihm, ich wolle ins Sheraton Hotel. Normalerweise dauerte die Fahrt fünf Minuten und als ich nach zehn Minuten zum ersten Mal fragte: »Sheraton Hotel?!« da nickte er wieder und lächelte freundlich zu mir zurück. Als ich nach 30 Minuten zum zweiten Mal an derselben Stelle vorbeifuhr, ließ ich ihn anhalten und fragte Passanten, die aussahen wie Studenten, ob sie Sheraton Hotel dem Taxifahrer ins Chinesische übersetzen könnten, woraufhin der Taxifahrer dann besonders freundlich lächelnd zu mir nach hinten nickte und »Ahh – Wong-Dong!!« sagte. Danach waren wir nach 5 Minuten im Sheraton Hotel. Im Land des Lächelns gelten eben Höflichkeit und Freundlichkeit als oberstes Gesetz, auch wenn die Effizienz darunter leidet.

Die Lehren, die ich aus allen Kontakten mit fremden Ländern und Menschen für mich zog, haben mich für mein weiteres Leben stark geprägt, und auch heute noch bin ich froh über diese Möglichkeiten, die die Ausübung meines Sports mir bot und die ich, glaube ich, auch wirklich zu nutzen verstanden habe.

Freundschaften zu schließen, sie wertzuschätzen und daran zu arbeiten, sie auch zu bewahren, sind Aufgaben, die angesichts starker beruflicher Beanspruchung nach meiner sportlichen Karriere manchmal schwer realisierbar schienen. Dennoch sind sie immer allen Einsatz wert gewesen.

Zum Leben gehören natürlich auch Siege und Niederlagen. Über den Sport habe ich gelernt, damit umzugehen. Mit Siegen umzugehen scheint auf den ersten Blick erheblich leichter zu sein als mit Niederlagen. Es ist ein ganz unglaubliches Gefühl, erster unter den Weltbesten zu sein. Dann haben sich alle Anstrengungen, Schmerzen und Einschränkungen, denen man sich auf dem Weg zu diesem Ziel unterworfen hat, voll und ganz gelohnt.

Aber man muß auch nach dem Gewinn einer Europa- oder Weltmeisterschaft immer wieder darauf achten, »auf dem Boden zu bleiben« und eben nicht abzuheben. So schnell wie man auf dem Treppchen steht, so schnell kann man auch herunterfallen und im schlimmsten Fall wieder ganz unten stehen. Dabei war es für mich immer ganz besonders wichtig, den Mut nicht zu verlieren, den Glauben an mich selbst und die eigene Stärke zu behalten und trotz manchmal langwierigen Verletzungspausen mein nächstes Ziel nicht aus den Augen zu verlieren.

Eine solche Einstellung möchte ich Euch auch wünschen. Denn diese Erfahrungen aus dem Sportbereich lassen sich ohne weiteres auch auf private oder berufliche Situationen übertragen. Indem ich an mich selbst und die eigenen Fähigkeiten glaube und gleichzeitig meine Ziele vernünftig setze, komme ich immer in irgendeiner Form voran.

Rückschritte erweitern den Erfahrungsschatz genauso und sind manchmal vielleicht sogar wichtiger für den eigenen Reifungsprozeß als ein allzu geradliniger und einfacher Weg nach oben. Indem ich lerne, auch aus Niederlagen einen Nutzen zu ziehen und sie für mich im positiven Sinne zu verwerten, erlebe ich in ganz anderem Maße ein Gefühl für das, was ich erreicht habe, als wenn alles nur glatt und reibungslos gelaufen wäre. Die Wertschätzung wird eine ganz andere.

Nachdem ich bei den Europameisterschaften 1977 in Essen mit einem Vorsprung von über einem Zehntel Punkt ins Finale kam, was soviel bedeutet wie ein 2:0 Vorsprung im Fußball fünf Minuten vor Schluß, und ich eigentlich nur noch hätte durchturnen müssen, um Europameister zu werden, fiel ich vom Reck. Das anschließende Spießrutenlaufen mit viel Mitleid und auch Häme war für mich nur schwer zu ertragen. Ich wußte auf der anderen Seite, diese Niederlage kannst Du nur noch durch ein besseres Ergebnis kompensieren. In der Quintessenz bedeutete dies, sich in keine Ausreden zu flüchten oder in Aussagen wie:»Das nächste Mal wird es besser.« Man muß «cool» bleiben, den Weg in die Halle suchen und wieder hart trainieren, um dann dorthin zu kommen, wo man einmal war.

Diese Niederlagen haben mir im nachhinein wesentlich mehr für das Leben gebracht, als die süßen Siege. Den Weg nach oben mit Hilfe von Freunden wieder anzutreten, den Kampf, die Scharte wieder auszumerzen, sind persönlichkeitsbildende Situationen, die ich nicht missen möchte.

Lieber Enkel, liebe Enkelin, ein weiterer Bereich, der unser Leben inzwischen ganz entscheidend prägt, betrifft die Medien.

Zur Zeit meiner aktiven Sportkarriere war der Einfluß der Medien noch nicht so ausgeprägt und tiefgreifend wie heute. Zwar habe auch ich im Laufe meiner sportlichen Laufbahn und auch heute noch auf unterschiedlichste Weise, im positiven wie manchmal auch im negativen Sinn, Erfahrungen im Umgang mit den Medien gemacht. So war es für mich immer eine Motivation, wenn ich mich durch die Kritik eines Journalisten ungerecht behandelt fühlte.

Einer schrieb einmal nach einer Niederlage bei einer Weltmeisterschaft auf meine Äußerung hin, den Kampf mit der Weltspitze wieder aufnehmen zu wollen: »Dafür wird er aber ein Fernglas brauchen.« Es war für mich ein innerer Parteitag, diesen besagten Journalisten auf das Fernglas ansprechen zu können, als ich bei der nächsten Weltmeisterschaft dann erfolgreich abgeschnitten hatte.

Ihr wachst heute mit Fernsehen, Computer und Internet auf; sie sind Teil Eures Lebens und genießen einen immer größeren Stellenwert. Sie prägen und beeinflussen nicht unwesentlich Euer Meinungsbild. Das ist auf der einen Seite gut. Auf der anderen Seite jedoch ist es auch wichtig, immer noch eine kritische Distanz zu wahren, die es Euch erlaubt, Verallgemeinerungen zu erkennen und Euch trotz aller Beeinflussung Euer persönliches Urteil über eine Sache zu bilden. Immer nur mit dem Strom zu schwimmen, kann auf Dauer nicht zur Entwicklung einer eigenständigen Persönlichkeit führen. Sicher, es gehört Mut dazu, auch einmal »Nein« zu sagen. Es gehört Mut dazu, sich gegen den Strom zu stemmen und innezuhalten, um einen Moment nachzudenken und genau zu reflektieren, ob das, was anscheinend die Mehrheit für richtig hält, auch für einen selbst das Richtige ist. Euren eigenen, individuellen Lebensweg zu finden und den Mut zum Nein wünsche ich Euch von ganzem Herzen.

Genauso wünsche ich Euch, daß Ihr lernt, aufmerksam durchs Leben zu gehen. Es ist immer wieder wichtig, sich den Sinn für die schönen, kleinen Dinge des Lebens zu bewahren. Wenn wir nur noch materiell orientiert leben, werden wir irgendwann einmal sehr einsam dastehen. Wir müssen in unserer hektischen Zeit stets aufs neue lernen, uns Zeit füreinander zu nehmen, wahrzunehmen, wenn den anderen etwas bedrückt, und über den eigenen Problemen nicht den Blick für die Sorgen und Probleme anderer verlieren.

Zu schnell verlieren wir uns in Oberflächlichkeit und der Sinn für das Wesentliche droht abhanden zu kommen.

Die Familie ist dabei ein wesentlicher Stabilitätsfaktor. Sie gibt immer wieder den nötigen Halt, um auch schwierige Situationen des Lebens meistern zu können, nicht aufzugeben. Andererseits ist es von Zeit zu Zeit nötig, »den Kopf gewaschen zu bekommen«, um einen wieder »auf die Erde zu bringen«. Familie ist aber auch Anlaufpunkt für Sorgen und Nöte, als stabiler Anker in jedem Lebensabschnitt.

Liebe Enkel, da kommt etwas auf Euch zu, und ich wünsche Euch die nötige Kraft, all diese Herausforderungen mit dem nötigen Selbstbewußtsein und auch mit der Zuneigung und Achtung gegenüber Euren Mitmenschen zu bestehen.

Euer Opa aus Tübingen

Reinhard Höppner wurde am 2. Dezember 1948 in Haldensleben geboren. Nach seiner Ausbildung zum Elektromonteur im Braunkohlekombinat Lauchhammer studierte er Mathematik an der Technischen Universität Dresden. Anschließend war er 18 Jahre im Akademieverlag Berlin als Fachgebietsleiter für Mathematik verantwortlich. 1989 trat Reinhard Höppner der SPD bei. Bald darauf übernahm er den Vorsitz der SPD-Landtagsfraktion in Sachsen-Anhalt. Seit 1994 ist er Ministerpräsident von Sachsen-Anhalt. Er engagierte sich außerdem im Präsidium des Deutschen Evangelischen Kirchentages und in der Synode der Evangelischen Kirche Sachsen.

Liebe Paula, lieber Paul!

Ich weiß nicht, ob Ihr das noch kennt, dieses Gefühl, im goldenen Herbstsonnenschein draußen im Garten auf einer Leiter zu stehen und einen reifen Apfel zu pflücken, hineinzubeißen und die ganze Pracht und Fülle des Herbstes im Aroma des Apfels auf der Zunge zu spüren. Das kann man sich nicht im Laden kaufen. Es gehört zu meinen schönsten Beschäftigungen in dieser farbenprächtigsten Zeit des Jahres.

Wenn ich jetzt manchmal nicht dazu komme, fehlt es mir wie das Bauen unserer kleinen Wassermühlen am Gebirgsbach im Urlaub. Man braucht nicht viel dazu, ein paar Hölzer und einen Trinkbecher. Fertig ist die Mühle.

Wir haben sie noch gebaut, als Eure Eltern größer waren und uns dann erinnert an die Geschichten vom kleinen Mann, die ich mir immer ausgedacht habe, wenn die Wanderwege lang und die Beine schwer wurden und ich ein bißchen flunkern mußte bei der Frage, wie weit der Weg noch sei.

Vergeßt nicht, Euren Kindern solche Geschichten zu erzählen oder vorzulesen. Keine Fernsehsendung der Welt kann diese Geschichten ersetzen, die Eltern ihren Kindern erzählen.

Die Großen haben manchmal die miserable Ausrede, sie hätten keine Zeit. Glaubt ihnen nicht. Wenn sie das sagen, sind sie schon mitgerissen von dem Strom der scheinbar immer schneller dahinfließenden Zeit, sind in der Gefahr, mit dem Strudel der Beschleunigung hinabgerissen zu werden.

Ihr könnt sie davor bewahren, daß die Wellen über ihnen zusammenschlagen.

Es gibt eine wunderschöne Geschichte, die Saint-Exupéry, ein französischer Flieger, für Kinder geschrieben hat, wohl wissend, daß Geschichten, die man für Kinder schreibt, die Herzen der Erwachsenen anrühren. Es ist die Geschichte vom kleinen Prinzen. Eines Tages traf er einen Händler, der mit höchst wirksamen, durststillenden Pillen handelte. Man schluckt jede Woche eine und spürt überhaupt kein Bedürfnis mehr zu trinken. »Warum verkaufst du das?« fragte der kleine Prinz. »Das ist eine große Zeitersparnis«, sagte der Händler. »Die Sachverständigen haben Berechnungen angestellt. Man erspart dreiundfünfzig Minuten in der Woche.« – »Und was macht man mit diesen dreiundfünfzig Minuten?« – »Man macht, was man will ...« – »Wenn ich dreiundfünfzig Minuten übrig hätte«, sagte der kleine Prinz, »würde ich ganz gemächlich zu einem Brunnen laufen ...«

Liebe Enkel, ich hoffe, Ihr habt Euch nicht anstecken lassen von dem Tempo, mit dem wir um die Welt und durch unser Leben rasen. Heute glauben noch alle, der Schnellste sei immer der Gewinner, und keiner merkt, wieviel wir dabei verlieren. Ich weiß nicht, wie wir aus dem Strudel herauskommen.

Dabei wissen wir noch gar nicht genau, wo es eigentlich hingehen soll. Es ist, als wenn wir mit großem Tempo durch eine Kurve rasen, obwohl wir Straße und Landschaft nach der Kurve überhaupt nicht einsehen und kennen. Dabei wünsche ich mir so sehr, daß es eine schöne Landschaft ist, in der Ihr gerne lebt und glücklich seid.

Das ist überhaupt das Schwierigste für mich. Selbst wenn das Land nur klein ist, in dem ich Ministerpräsident bin: Ich muß so viele Entscheidungen treffen, die über Eure Zukunft entscheiden.

Aber ich weiß gar nicht, wie Ihr leben wollt. Die Menschen heute wollen vor allem Arbeit. Das verstehe ich. Arbeit ist heute noch das Wichtigste im Leben. Wer keine Arbeit hat, bekommt schnell das Gefühl, sein Leben sei zu nichts mehr nütze.

Bloß, wenn wir für alles Schöne, für Musik und Theater, für Sport und Spiel kein Geld mehr haben, weil wir alles in die Ankurbelung unserer Wirtschaft stecken, verlieren wir vielleicht einen Schatz, ohne den Ihr nicht leben könnt oder leben wollt, und den Ihr dann nur mühsam wieder ausgraben könnt.

Ich hoffe, in Eurem Leben spielt die Suche nach einer bezahlten Arbeit keine so große Rolle mehr. Vielleicht ist es Euch ja gelungen, jedem eine Grundsicherung zu geben, so daß viele sich damit ein erfülltes und glückliches Leben gestalten können. Man muß nicht reich sein, um glücklich zu werden.

Das haben wir damals nach der Wiedervereinigung Deutschlands im Osten erlebt. Eigentlich hatten die meisten mehr Geld als vorher, aber glücklicher waren sie trotzdem nicht. Ich wüßte zu gerne, wie Ihr das erlebt. Ich wüßte zu gerne, was Euch wichtig ist, damit wir heute daran unsere Entscheidungen ausrichten können und Euch nicht die Zukunft verbauen, die Ihr Euch wünscht.

Ihr werdet es schwer genug haben. Die Erblast, die wir Euch hinterlassen, ist groß. Ich hoffe, Ihr könnt uns verzeihen und seid so erfinderisch, daß Ihr in der Fülle der Probleme, die wir Euch hinterlassen, nicht untergeht.

Bei uns grassiert eine Krankheit. Alle denken nur an den kurzfristigen Gewinn. Viele bereichern sich auf Kosten anderer. Nur wenige denken über die nächste Legislaturperiode hinaus. Das ist auch die Schwäche unserer Demokratie.

Vielleicht fällt Euch da mal etwas Besseres ein, eine Ordnung, in der nicht nur jeder und jede Interessengruppe an den eigenen Vorteil denkt, sondern das Wohl aller etwas besser zum Zuge kommt.

Wir reden ja viel über Solidarität und Gerechtigkeit, aber manchmal habe ich den Eindruck, die bestimmenden Köpfe halten das nur für Geschwätz, das einer modernen Zukunftsgestaltung im Wege steht. Das halte ich für gefährlich, und ich verspreche Euch, daß ich an diesen Grundsäulen des gesellschaftlichen Zusammenlebens festhalten werde.

Bei der Gerechtigkeit geht es ja nicht nur um gerechte Verhältnisse unter uns heute. Da gibt es schon viele Ungerechtigkeiten. Die einen stecken bis über beide Ohren in ihrer Arbeit und können kaum noch aufatmen, den anderen fällt zu Hause die Decke auf den Kopf, weil sie keine Arbeit haben und mit sich nichts anfangen können. Dahinter steckt eine ungerechte Teilung von Arbeit.

Außerdem hat man festgestellt: Kinder sind das größte Armutsrisiko in Deutschland. In den armen Ländern auf der südlichen Erdhälfte verhungern immer noch Millionen von Kindern in jedem Jahr. Es gibt heute schrecklich viele Ungerechtigkeiten. Man tut zwar so, als hätte jeder die gleichen Chancen, seines Glückes Schmied zu sein. Aber das stimmt nicht.

Bei der Gerechtigkeit und Solidarität geht es natürlich auch schon heute um die Gerechtigkeit und Solidarität Euch gegenüber. Wir machen Schulden über Schulden, weil wir unseren heutigen Besitzstand wahren wollen – ich hoffe, das Wort Besitzstandswahrung kennt Ihr nicht mehr – und weil wir immer noch an das Wunder der nächsten Konjunktur glauben, mit der alles besser wird. Wir verbrauchen Ressourcen und verpesten die Umwelt so, daß ich Angst habe, Ihr könntet keine Luft zum Atmen mehr haben. Jeder hat Angst, er könne im globalen Wettbewerb nicht mithalten, und denkt darum nur an die Bilanz am Jahresende.

In diesem Jahrhundert, in dem ich den größten Teil meines Lebens gelebt habe, zerstörten die Menschen sich und ihre Welt durch schreckliche Kriege. Millionen von Menschen wurden grausam umgebracht. Das gibt es hoffentlich nie wieder.

Laßt Euch jedenfalls von niemandem einreden, man könne Konflikte zwischen Völkern oder Volksgruppen durch Kriege lösen. Es gibt keine gerechten Kriege. Die meisten Kriege verschieben das Problem bloß und häufen Berge menschlichen Leids an, reißen Abgründe von Haß auf, welche die Lösung der Probleme nur schwieriger machen. Besser ist, man sorgt vorher für Gerechtigkeit, damit die Konflikte gar nicht erst ausbrechen.

Hoffentlich habt Ihr schon die schrecklichen Atomwaffen vernichtet, die immer noch bei uns lagern. Leider redet bei uns derzeit kaum jemand darüber, obwohl sie noch genauso gefährlich sind wie früher. Aber man kann natürlich die Welt auch ohne Kriege zerstören, wenn man sie aus dem Gleichgewicht bringt. Was wir dagegen tun, erschöpft sich meist im Verfassen schöner Papiere, denen keine Taten folgen. Da sind wir richtig schwach.

Hoffentlich könnt Ihr uns verzeihen und kriegt die Sache noch in den Griff. Dazu braucht man sicher die Erfahrung, daß weniger manchmal mehr ist, Verzichten ein Gewinn. Darum habe ich Euch vorhin die Geschichte von dem reifen Apfel in der goldenen Herbstsonne erzählt. Er ist nicht durch ein Kilo Äpfel aus der Kaufhalle zu ersetzen.

Manchmal habe ich Angst, daß wir zu viele Traditionen über Bord werfen könnten, weil wir glauben, sie hinderten uns am Fortkommen. Gewiß, vieles könnt Ihr nicht mehr so machen wie wir. Früher haben die Kinder alles von ihren Eltern gelernt. Wenn sie es ungefähr so machten wie die Eltern, kamen sie durch die Welt. Schon heute müssen wir viel von unseren Kindern lernen.

Wahrscheinlich könnt ihr Euch gar nicht vorstellen, daß ich anfangs Schwierigkeiten mit den Computern und dem Internet hatte. Das mußten mir Eure Eltern beibringen.

Darum frage ich mich, welche unserer Traditionen und Erfahrungen sind noch für Euch wichtig. Man diskutiert heute z. B. bei uns heftig darüber, ob man nicht auch am Sonntag einkaufen können sollte. Ich glaube, ein Rhythmus in unserem Leben ist so wichtig, daß wenigstens ein Tag in der Woche mal ganz anders sein sollte als die anderen. Den Sonntagsausflug in die Natur kann man nicht durch den Ausflug an den Wühltisch eines Warenhauses ersetzen.

Aber es ändert sich natürlich soviel, daß man manchmal das Gefühl hat, es würde ein neues Zeitalter beginnen. Man nennt es heute das globale Zeitalter und redet viel über die Globalisierung. Viele denken dabei nur an die weltweite Konkurrenz der Wirtschaftsunternehmen. Sie meinen, man müsse alles den Gesetzen des Marktes unterordnen.

Manche halten diese Art von Globalisierung für ein Naturgesetz. Das glaube ich nicht. Mit solcherart Gesetzen habe ich meine eigenen Erfahrungen. Wir haben in der Schule das Gesetz vom Sieg des Sozialismus über den Kapitalismus gelernt. Wer das nicht glaubte, wurde angesehen wie jemand, der das Gesetz vom freien Fall anzweifelte. Dann ist der real existierende Sozialismus zusammengebrochen. Weg war das Gesetz. Dabei war der Gedanke vom Sozialismus anfangs gar nicht schlecht. Er war die Suche nach einem gerechteren Zusammenleben der Menschen, die Vision von einer besseren Welt.

Wer aber die Utopien und Träume zu Naturgesetzen machen will, macht sie kaputt. Dabei sind Visionen und Träume doch so wichtig. Ein Blick auf das, was sein könnte, kann das, was ist, verändern.

Laßt Euch Eure Träume nicht rauben. Glaubt daran, daß die Zukunft auch angenehme Überraschungen für uns bereithält.

An den Zusammenbruch der Blöcke, die viele Jahre die

Welt geteilt haben, hat auch keiner geglaubt. Dann kam der Fall der Mauer plötzlich wie ein Geschenk vom Himmel. Wir mußten es nur noch auspacken und etwas Vernünftiges daraus machen. Dabei haben wir uns zugegebenermaßen ziemlich dumm angestellt. Aber ein schönes Geschenk war es trotzdem. Allein, daß wir danach durch die Welt reisen und überall Freunde finden konnten, war für uns wie ein Wunder.

Für Euch ist das sicherlich schon eine Selbstverständlichkeit und Ihr wißt inzwischen, daß die Globalisierung unsere ganze Kultur verändert hat. Hoffentlich haben sich dadurch die Amerikaner und Europäer ihre Arroganz abgewöhnt, mit der sie heute immer noch denken, sie wüßten stets, was gut und richtig ist, und die anderen Völker wären noch etwas zurückgeblieben.

Was die Allmächtigkeit und Unfehlbarkeit des Marktes anbetrifft, diesen Irrglauben habt Ihr hoffentlich auch überwunden. Ich wünsche mir heute schon, daß wir einmal gründlich überlegen, in welchen Bereichen die Marktgesetze uns vernünftig voranbringen und wo sie nicht funktionieren.

Wenn ein Mensch krank ist, ist es z. B. dumm, ihn zu fragen, ob er eine billige oder eine teure Behandlung haben will. Das kann man vielleicht machen, wenn er sich ein Auto kauft. Der Kranke aber will gesund werden. Da ist ja bei Euch jetzt sicherlich viel mehr möglich als zu unserer Zeit.

Ich wünsche Euch, daß Ihr einen Weg gefunden habt zu entscheiden, wann man auf medizinisch Mögliches verzichten kann, ohne daß die Menschlichkeit auf der Strecke bleibt. Wir wissen darauf noch keine vernünftige

Antwort. Wir haben ja in den letzten Jahren im Osten Deutschlands unheimlich viele Veränderungen verkraften müssen. Ich fürchte, es wird noch viele Jahre so weitergehen.

Alles verändert sich. Wenn ich mich frage, welche Lebenserfahrungen Eurer Vorfahren trotz der vielen Veränderungen für Euch besonders wichtig sein könnten, dann überlege ich mir, welche Menschheitserfahrungen schon die Jahrtausende überdauert haben.

Wir haben ja ein einzigartiges Buch, in dem solche Erfahrungen aufgeschrieben sind, die Bibel. Ich sage immer, das sind die Erfahrungen, welche die Menschen mit Gott gemacht haben, und hoffe, Ihr könnt das auch so sehen.

Ich glaube nämlich, daß Gott der treueste und verläßlichste Begleiter im Leben ist. Und ohne solche Begleiter, auf die man sich verlassen kann, kann kein Mensch leben.

Aber selbst wenn Ihr nicht an Gott glaubt – was mir ein bißchen weh tun würde, obwohl schon heute die meisten nicht mehr an Gott glauben –, dann ist dieses Buch immerhin noch die über Generationen gesammelte Lebenserfahrung von Menschen. Und weil sie anfangs immer weitererzählt wurden, und jeder ja immer das Wichtigste weitererzählt, stehen darin so viele Lebensweisheiten.

Da steht zum Beispiel auch der Satz über die Visionen, an den ich vorhin gedacht habe, als ich von den Träumen erzählte. Bei den Sprüchen Salomos steht: »Ein Volk ohne Visionen geht zugrunde« oder wie Luther übersetzt: »Ein Volk ohne Verheißung wird wüst und wild«, nach innen hohl, nach außen aggressiv. Die Weisheit gilt, auch wenn sich noch so viel verändert.

Da steht übrigens auch drin, daß die Verlierer, welche die Hoffnung nicht aufgeben, glücklicher werden und für die Gesellschaft wichtiger sind, als die Gewinner des alltäglichen Machtkampfes und Wettbewerbs. Jesus war nämlich auch ein Verlierer, damals haben sie sogar gesagt, ein Verbrecher, und haben ihn umgebracht. Heute ist er ein Hoffnungsträger für viele.

Dann gibt es eine Geschichte, die erzählt, daß sich Solidarität, wenn man nur langfristig genug denkt, tatsächlich rechnet. Und in einer in der Bibel aufgeschriebenen Rede von Jesus hat er uns ermahnt, uns nicht durch den alltäglichen Kram davon ablenken zu lassen, nach dem Wichtigsten zu trachten, nämlich nach Gottes Reich und seiner Gerechtigkeit; man würde heute vielleicht sagen, nach einer Welt, in der jeder das Gefühl hat, am richtigen Platz zu sein und glücklich leben zu können.

Ihr merkt, ich bin von diesem Buch begeistert. Haltet mich deswegen nicht für altertümlich. Ich brauche diesen Rückhalt zum Leben. Darum denke ich, er ist auch für Euch wichtig.

Schließlich muß ich heute in meinem Amt so viele Entscheidungen treffen, die auch Euer Leben beeinflussen, ohne daß ich genau weiß, was richtig und was falsch ist, was Euch hilft oder was Euch schadet, daß ich schon darauf hoffe, Gott kann auch aus meinen Fehlern noch etwas Gutes machen. Das gibt mir den Mut, heute zu handeln und trotz aller Probleme fröhlich zu bleiben. Sicherlich haben wir viel falsch gemacht.

Seid gnädig in Eurem Urteil und verzeiht uns. Ich hoffe aber, daß Ihr trotz alledem fröhlich seid und glücklich mit Euren Kindern leben könnt.

Ich denke an Euch.

Euer Großvater

Ruth Lapide geb. Rosenblatt, Historikerin und Theologin, wurde in Burghaslach/Mittelfranken als Kind einer jüdischen Familie geboren. Sie erlitt das Schicksal der jüdischen Generation dieser Zeit – Entwurzelung, Flucht und Leid der Naziverfolgung.

Ruth Lapide studierte an der Hebräischen Universität Jerusalem Politologie, Geschichte und Judaistik mit dem Schwerpunkt der Entstehung des Christentums innerhalb des Judentums. Gemeinsam mit ihrem Ehemann, dem jüdischen Theologen Prof. Dr. Pinchas Lapide († 1997), setzte sie sich intensiv für die Versöhnung von Juden und Christen, für die Verständigung zwischen der Bundesrepublik Deutschland und dem Staat Israel und für die Annäherung der drei großen monotheistischen Religionen ein. Ruth Lapide erhielt im Jahr 2000 das Bundesverdienstkreuz der Bundesrepublik Deutschland.

Mein Liebling,

diese Anrede für Dich kommt mir von ganzem Herzen in den Sinn. Weiß ich doch keineswegs, ob Du Junge oder Mädchen bist – vielleicht seid Ihr Zwillinge? Lieb habe ich Dich/Euch schon jetzt.

Hier erinnere ich mich an den alten Witz, der unter uns vertriebenen, seinerzeit verfolgten und gehetzten Judenkindern im Deutschland der Nazizeit die Runde machte: Wir hatten damals, da uns der Besuch von Schulen verboten war, (wir sollten als Analphabeten aufwachsen), große Schwierigkeiten mit den »vier Fällen« der deutschen Grammatik. Was tun, so erinnere ich mich heute noch an unser Stammeln: »Lieb habe ich Dich oder liebe ich Dir?« Das war ein Problem. Der Kompromißvorschlag lautete: »Ich glaube, ich liebe Dir auf alle Fälle«. Bei allem Elend sind wir mit Galgenhumor aufgewachsen.

Ja, ich freue mich auf Dich, will Dich annehmen, wie oder wer Du bist. Viel habe ich mit Dir zu reden, manches zu beichten: Vom Erlebten von gestern und Erträumten von übermorgen. Mit Wiegenliedern kann ich Dich leider nicht verwöhnen, damit ist es bei mir schlecht bestellt. Da ich damals in den Höllenjahren längere Zeit versteckt war, mich keineswegs bemerkbar machen sollte, kam mir auch das Singen abhanden, das sich später leider nicht mehr eingestellt hat. Dein Großvater Pinchas Lapide pflegte in diesem Zusammenhang immer, wenn ich darauf zu sprechen kam, einzuwerfen: »Das hätte uns noch gefehlt, daß sie auch noch singt«.

In der Tat, erzählen möchte ich Dir von Anfang an die schönsten Kindergeschichten, aber auch Liebeserzählungen und Schaurig-Erschütterndes, wie das Leben es bietet – alles aus der Bibel. Damit Du es gleich weißt, auch das Neue Testament gehört zu meinen Lieblingsbüchern, das ich so manchem Christen gelegentlich aus dem unleugbar jüdischen Hintergrund näher zu bringen weiß. Denn auch dieses Buch entstand im Lande der Juden (bevor es in fremde Hände kam), zunächst von Juden über Juden für Juden.

Ich weiß, mein Liebling, daß Du schon jetzt gelegentlich bei mir bist: Nach einer alten kabbalistischen Sage wissen ungeborene Kinder viel mehr als wir Erdlinge vermuten. Dann aber, bei Deiner bevorstehenden Geburt, kommt ein freundlicher Engel und streichelt Dir ganz sanft über Deinen süßen Mund – auf daß Du alles vergessen mögest, was Du vorher wußtest. Unbefangen sollst Du das neue Leben, den neuen Abschnitt beginnen. Manchmal, eher sehr selten, trifft man liebe, verständnisvolle Menschen, die einem das Gefühl geben: Oh, hier war der Engel damals aber sehr eilig, hat nicht alles Himmlisch-Wissenswerte gründlich genug abgewischt. So einer war, denke ich, Dein Großvater Pinchas Lapide, mit dem ich es siebenunddreißig Jahre lang mit Vergnügen ausgehalten habe – und, wie ich mit Sicherheit weiß, er mit mir auch.

Geborenwerden ist, ich will Dich warnen, ein schweres, ein ernstes Erlebnis, ein schwerer Übergang für das Kind – so fröhlich und stolz die Eltern auch sein mögen. Leider denken viele Menschen nicht daran, was für eine Umstellung das Geborenwerden für das

Baby bedeutet: der Übergang vom Dunkel ins grelle Licht, vom totalen Versorgtwerden durch die Mutter hin zu einer plötzlichen Selbständigkeit; von der Geborgenheit der Gebärmutter zur zwingenden Leistungsgesellschaft, zum Schlucken, Verdauen, Fühlen, Schreien, sich Wehren und vieles Neue mehr. Wie sehr bewundere ich diesen Vorgang.

Es beschämt mich, ja es schmerzt direkt zu beobachten, mit welcher Frivolität und welchem Sarkasmus heutige schriftstellernde Zeitgenossen, sogar herausragende Literaturfürsten, sich der genüßlichen Beschreibung der Sexualität des Menschen bemächtigen. Ist es eine Folge der permissiven Gesellschaft, in der keine Spur von Geheimnis mehr diese sinnlich-schönen Beziehungen umhüllt? Da alles käuflich ist, jedermann zugänglich, glauben wohl manche Schreiber, sich in heftigen, deftigen Ergüssen über große Urereignisse wie Sexualität, Befruchtung und Geburt auslassen zu müssen.

Wie befreiend ist doch der Zugang des Alten Testaments zu all diesen menschlichen Problemen, seien es Sexualität oder Geburt, Treue, Streit oder Gewalt, bis hin zu Mord und Totschlag. Aber keine obszöne Zeile habe ich jemals in diesen Geschichten gefunden! Sie sind ein echter Spiegel des Lebens, wie es eben ist. Ich erzähle Dir das schon heute ohne jede Prüderie, um Dich vorzubereiten auf meine begeisterte Beziehung zum Alten Testament. Bevor ich weiter schwärme, beginne ich gleich eine neue kleine Geschichte: Sie heißt »Leben danach«.

Es begab sich, daß in einem Mutterschoß Zwillingsbrüder empfangen wurden. Einige Wochen vergingen, und die Buben wuchsen heran. In dem Maße, in dem ihr Bewußtsein wuchs, stieg ihre Freude: »Sag mal, ist es nicht großartig, daß wir zwei empfangen wurden? Ist es nicht wunderbar, daß wir leben?« Die Zwillinge begannen, ihre Welt zu entdecken. Als sie nach einer Weile die Schnur fanden, die sie mit ihrer Mutter verband und die ihnen die Nahrung gab, feine Nahrung sogar, da sangen sie vor Freude: »Wie sehr muß uns unsere Mutter doch lieben, daß sie sogar ihr eigenes Leben mit uns teilt!«

Als nun mehrere Wochen vergingen und schließlich zu Monaten wurden, merkten die Buben plötzlich, wieviel größer sie geworden waren. »Was bedeutet diese Veränderung?« fragte der eine. »Das heißt«, antwortete der andere, »daß unser Aufenthalt in dieser Welt bald seinem Ende entgegengeht.« »Aber ich will gar nicht gehen«, erwiderte der erste »ich möchte für immer hier bleiben«. Der andere entgegnete: »Wir haben keine andere Wahl, aber – aber vielleicht – vielleicht gibt es ein Leben nach der Geburt?« Zweifelnd fragte der erste: »Wie könnte das sein; wir werden unsere kostbare Lebensschnur verlieren, und wie sollten wir ohne sie leben? Und außerdem«, er war dem Verzweifeln nahe, »haben andere vor uns diesen Schoß hier verlassen, aber niemand von ihnen ist je zurückgekommen! Niemand hat uns je bestätigt, ob es ein Leben nach der Geburt gibt. Nein, die Geburt ist das Ende«.

So fiel der eine von den Buben in eine tiefe Depression und rief: »Wenn die Empfängnis mit der Geburt endet, welchen Sinn hat dann das Leben im Schoß überhaupt? Es ist ja alles sinnlos.« Bekümmert fügte er hinzu: »Womöglich gibt es gar keine Mutter hinter dem Ganzen.«

Der andere jedoch protestierte: »Aber sie muß doch existieren, wie sollten wir sonst hierhergekommen sein und wie könnten wir ohne sie am Leben bleiben?« »Hast Du je unsere Mutter gesehen?« fragte der Zweifler schneidend. »Womöglich lebt sie nur in unserer Vorstellung. Und« fuhr er fort, »wir haben sie uns erdacht, weil wir dadurch unser Leben besser verstehen können.« Und so waren die letzten Tage im Schoß der Mutter für die Buben erfüllt mit vielen Fragen und großer Angst.

Nun kam der Moment der Geburt: Als die Zwillinge ihre Welt verlassen hatten, öffneten sie ihre Augen. Was sie sahen, übertraf ihre künsten Träume, sie schrien vor Freude.

Soweit die Geschichte. Laut unseren jahrtausendealten mystisch-kabbalistischen Legenden steht Dir das alles noch bevor. Schon einige der Propheten Israels schrien in der Tat auf zu Gott: »Warum mußte ich eigentlich empfangen und geboren werden?« Viele gequälte und geplagte Menschen haben im 20. Jahrhundert so oder ähnliches geschluchzt und gestöhnt. Auch ich in meiner kleinen Welt habe damals als Kind die Vorgänge um mich herum nicht verstanden, vor allem nicht die schreckliche Verlassenheit und Einsamkeit in der braunen Hölle.

Was macht das Leben nachher trotz allem so schön, wovon ich überzeugt bin? Es ist die Geborgenheit, die Anhänglichkeit und die Liebe in all ihren Facetten und Manifestationen, die uns so manche Antwort auf konfus scheinende Fragen gibt.

Der Mensch ist kein Einsiedler – ein Herdentier ist er aber auch nicht. Ich bin überzeugt, mein Liebling, daß wir, Du, ich und alle anderen guten Willens auch, mit den Aufgaben, denen wir uns stellen, wachsen können. (Hier verrate ich Dir gleich ein großes Geheimnis aus meiner Berufswelt: Wenn ich z. B. so ein schönes Zitat auf Martin Buber basieren würde, würden es meine Leser und Zuhörer mit viel mehr Achtung zur Kenntnis nehmen. Dir aber verrate ich, daß all diese schönen Worte wirklich von mir sind).

Ich wünsche Dir auf jeden Fall einige gute Freunde/Innen (Du wirst staunen, das ist eine notwendige Konzession an das Feministinnen-Deutsch, das heute hier üblich ist). Freunde, nicht eine Menge von Bekannten, die einen häufig im Regen stehen lassen. Ich wünsche Dir ein Anliegen, das Dich Tag und Nacht anregt, ja sogar gelegentlich aufregt. Es muß Dir aber unter die Haut gehen und über Raum und Zeit hinweg bis zur Erschöpfung betreut werden wollen.

Du könntest gleich bei mir einsteigen. Ein intensiver Beitrag zur Versöhnung von Juden und Christen nach all den schrecklichen Wunden, die das jahrhundertelange Auseinandergehen ihrer Wege Deinen und meinen Vorfahren zugefügt hat, ist mein Anliegen:

- die Ausmerzung von Feindbildern hüben und drüben,
- die Korrektur von bösartigen Fehlübersetzungen in deutschen christlichen Bibeln, die noch immer das Bild des Judentums arg verzerren,
- die Tilgung von Vorurteilen und Vorverurteilungen auf allen Seiten.

Aber wie kommt man zur Wahrheit? Eine alte jüdische Weisheit lautet: Einst wurde ein Rabbi von seinen Gemeindemitgliedern gebeten, über das Thema »Die

Wahrheit« zu predigen. Erstaunlicherweise fiel die Predigt sehr kurz aus. »Jede Wahrheit«, sagte der Rabbi, »hat, zutiefst gesehen, drei Seiten: meine Seite, Deine Seite und die richtige Seite.«

Das merken wir beide uns als Geheimnis, Du und ich. Hoffentlich wirst Du doch ein jüdisches Kind?!

Mit meiner Liebe zu Dir hat Dein Glaube nicht das geringste zu tun. Leichter wäre es aber doch für Dich, wenn Du in der Furche Deiner Mischpoche wandern würdest. Ich sehe es bei vielen jungen Paaren: Wenn, irgendwann, das große Feuer der Liebe ein wenig erlischt, kommt man häufig und hilfreich auf gemeinsame Geborgenheit und bewährte Tradition zurück.

Du und ich, Dein Vater und Großvater, wir sind ja alle Glieder einer langen Kette, deren Tradition in die bald dunkle, bald glorreiche Vergangenheit zurückreicht. Es ist, als hätten wir zusammen schon mit König David getanzt oder am Berge Sinai miteinander gezittert und bei der großen Befreiung ihrer ganzen Generation mit Esther gejubelt. Da darfst Du Dich ohne weiteres dazurechnen, als wären wir alle dabeigewesen.

Die Stafette unserer Überzeugung reichen wir, wenn der Abend naht, weiter von Generation zu Generation. Warum? Wenn ich das wüßte! Du wirst merken, es gibt manche Frage, auf die ich vielleicht durch Dich erst die Antwort erahnen werde. Daß ich ja nicht vergesse, Deinen Urgroßvater, meinen Abba zu erwähnen. Der wollte immer alles wissen, was die Mischpoche betraf, und gab den Ton an. Jeder von uns, klein oder groß, fett oder mager, trug in unserem Umfeld sein kleines Teilchen an Zedaka bei. Du willst wissen, was Zedaka ist?

Die unersetzliche Kombination von Gerechtigkeit und Liebe, unzertrennlich wie Vertrauen auf Gott und anständiges Miteinander – egal, welchen Glauben Dein Gegenüber hat oder mit welcher Hautfarbe er auf die Welt kam. Das klingt alles sehr kompliziert; man gewöhnt sich aber dran, das verspreche ich Dir. Auch mir wurde das seinerzeit so beigebracht unter felsenfester Bezugnahme auf die Weisheit der Väter, die Verkündigung der Propheten und die Gewißheit, daß der Maschiach alle Menschen mitsamt der Urwelt irgendwann erlösen wird. Mein Abba, Dein Urgroßvater, der vor einigen Jahren gestorben ist, pflegte in der Späte der Nacht oft die Diskussion so zusammenzufassen:
»Himmlischer Vater,
gib mir die Kraft, hinzunehmen, was unabänderlich ist,
gib mir den Mut, einzuschreiten, wo es möglich ist, und
gib mir den Verstand, immer die richtige Entscheidung zu treffen.«
Ich wurde in meinen Studienjahren sehr motiviert durch die Vision des Propheten Jesaja: »Und sie werden ihre Schwerter zu Pflugscharen schmieden und ihre Speere zu Winzermessern. Das Kriegshandwerk werden sie nicht mehr lehren fürderdar«. Dieser schöne Text wurde hier in Deutschland oft ansatzweise benutzt, aber häufig falsch übersetzt und noch falscher zitiert. Es ist ein grandioser Aufruf – ich bin sicher, Du hat es verstanden – nicht nur zur Abrüstung. Nein, es ist ein dringender Appell, kommenden Generationen Streit und Krieg nicht mehr beizubringen. Da hast Du es wieder: Ein kleines Stückchen guten Beispiels sollen wir geben, um des Friedens und der Bewahrung der Schöpfung willen.

Dein Großvater Pinchas und Dein Urgroßvater, mein Abba, waren jüdische Schriftgelehrte und gestandene Pharisäer von echtem Schrot und Korn – wie es auch ihr Landsmann, der Jude Jesus von Nazareth, vor Jahrtausenden gewesen war. Wenn Du etwas größer sein wirst, setze Dich recht bald dafür ein, daß die Pharisäer in Deutschland rehabilitiert und nicht mehr aus antijüdischen Gründen von Christen verfemt, verzerrt und mißverstanden dargestellt werden.

Ich bin eigentlich sehr froh, daß Du als Spätling auf dieser Erde ankommen wirst – erst im dritten Jahrtausend. Außer der Sinai-Offenbarung hast Du, grob gesagt, eigentlich nichts versäumt. Im Gegenteil, durch die Verzögerung Deiner Ankunft ist Dir viel Schweres erspart geblieben. Um so mehr hoffe ich, daß Dir Schönes bevorsteht. Was pflegten Abba und Ima um Deine Zukunft zu grübeln?! (Ima, das ist Deine Urgroßmutter, meine Mutter): Wo wird denn des Kindes Heimat sein, am Mississippi, am Jordan oder am Main?

Was ist schon Heimat? Das wirst Du selbst herausfinden müssen: die Sprache, die Landschaft, das Klima, die Tradition, der Glaube – vor allem aber Menschen, denen Du vertraust und die zu Dir stehen. Mir selbst wurde hier in diesem schönen Land damals das Heimatgefühl geraubt; aber Gott sei Dank, viele gute Menschen haben mich dann immer wieder aufgefangen. Ich glaube, bei aller Bescheidenheit, ein kleiner Pegel zu sein, ein Maßstab für einen Neubeginn zwischen Juden und Christen hier in dem Land meiner Geburt und der Heimat meiner Vorfahren.

Komm bald, Liebling. Deine zukünftige Oma

Herta Däubler-Gmelin wurde am 12. August 1943 in Preßburg (heutiges Bratislava/Slowakei) geboren und wuchs in Tübingen auf. Nach ihrem Studium der Rechtswissenschaft, Politikwissenschaft, Volkswirtschaft und Geschichte arbeitete sie zunächst als Rechtsanwältin in Stuttgart und Berlin. 1995 begann sie ihre Tätigkeit als Honorarprofessorin an der Freien Universität Berlin. Herta Däubler-Gmelin trat 1965 der SPD bei und ist seit 1972 Mitglied des Bundestages. 1988 bis 1997 war sie stellvertretende Parteivorsitzende der SPD. Seit Oktober 1998 ist sie Bundesministerin der Justiz. Sie engagiert sich zudem in der Kammer für Sozialordnung der Evangelischen Kirche in Deutschland.
Herta Däubler-Gmelin ist seit 1969 mit dem Arbeits- und Wirtschaftsrechtler Prof. Dr. Wolfgang Däubler verheiratet und hat zwei Kinder.

Lieber Hans,

Du wirst Dich sicher wundern, heute ausgerechnet einen Brief von mir zu bekommen, wo wir uns doch, modern wie wir sind, sonst Mails schicken. Richtig, ich mag sie, weil wir damit schnell und spontan Grüße, Lebenszeichen und Informationen austauschen können. Deshalb freue ich mich auch jedesmal, wenn mein Computer klingelt und ich dann etwas von Dir oder Deiner Schwester oder auch von Euren Vettern lese.

Ich schreibe heute ganz bewußt einen Brief, weil der etwas länger wird und weil ich auch persönliche Dinge ansprechen will. Anlaß ist ein Gespräch, das Du mit einigen Freunden vor etwa sechs Wochen unter den Bäumen auf dem Gendarmenmarkt geführt hast und das ich zufällig mitbekommen habe. Erinnerst Du Dich? Wir wollten uns dort treffen, um anschließend ins Theater zu gehen. Ich kam etwas zu früh und mitten in eine richtige Auseinandersetzung über die Frage, wo und wie Ihr im nächsten Jahr Eure Ferien verbringen wollt. Ich glaube, Ihr wolltet auf die griechischen Inseln fahren und habt darüber gestritten, ob Ihr den Zug oder nicht doch lieber das Flugzeug nehmen solltet. Ina stritt engagiert für die Bahn, Hanna und Paul wohl für das Flugzeug, weil es sehr viel schneller und bequemer sei, was ja stimmt; und außerdem gäbe es sicher auch billige Sonderangebote. Kerstin und Frieder waren auf der ökologischen Seite und schimpften, ein Flug sei in solchen Fällen auf keinen Fall verantwortbar. Dir, so war mein Eindruck, ging der Streit auf die Nerven. Jedenfalls hast Du Dich dann eingemischt und gesagt, sie sollten doch mit dem Streit aufhören, er lohne nicht, außerdem sei egal, was Ihr macht – bei den Verschlechterungen der Umwelt und der Erderwärmung spiele das doch wirklich keine Rolle. Als ich dazukam, habt Ihr die Auseinandersetzung nicht fortgesetzt, natürlich nicht. Mir ist sie trotzdem nicht aus dem Kopf gegangen, weil Deine Worte ziemlich grundsätzlich klangen – so, als meintest Du das wirklich. Nicht etwa nur Provokation, sondern Bedrückung und Resignation meinte ich zu hören. Nun hättest Du dafür durchaus Grund, schließlich mußt Du jeden Tag mit Deiner Krankheit leben. Ich weiß, daß sie dich plagt, auch wenn Du nicht oft davon sprichst seit jenem Schock vor zwei Jahren, als sie plötzlich ausbrach und Du, aber auch wir alle, uns damit abfinden mußten, daß sie nicht heilbar ist.

Nun kann man damit leben. Und wenn man Dich so sieht, hast Du sie prima im Griff: Du siehst gut aus, sehr sportlich, und das bist Du auch. Du interessierst Dich für alles und fühlst Dich im Studium und bei Deinen Freunden sehr wohl. Und wenn Dich jemand fragt, sagst Du eben, mit Deinen täglichen Medikamenten, den regelmäßigen Arztbesuchen und gelegentlichen Krankenhausaufenthalten könne man damit schon leben. Ich finde diese Einstellung bewundernswert. Das weißt Du. Aber ich weiß wohl, daß Dich neben Schmerzen ganz praktische Sorgen und Ängste plagen. Ich finde, Du solltest darüber ruhig gelegentlich reden: ob Du nach Deinem Examen auch eine gute Arbeitsmöglichkeit bekommst – trotz Deiner Krankheit. Und über die Versicherung, die Dich mit ihrer Ablehnung so verletzt hat. Ich finde das auch sehr ungerecht – hier muß notfalls durch Gesetze Abhilfe geschaffen werden. Wie Dir geht es ja vielen.

Ich weiß auch, daß Dich Ängste wegen der möglichen, Du sagst »absehbaren gesundheitlichen Spätfolgen«, bedrücken. Auch darüber solltest Du häufiger sprechen, weil man Dir dann sagen könnte, daß die Medizin Fortschritte macht, aber auch, daß niemand eine Garantie dafür hat, so alt zu werden wie mein Großvater, der erst mit 90 starb.

Richtig ist, daß Du Dich mit Deinem Körper und Deiner Gesundheit, mit Einschränkungen und Verhaltensregeln in ganz anderer Weise auseinandersetzen und abfinden mußt, als ich das jemals nötig hatte. Oder auch Deine Eltern. Wie Du das tust, mit welcher – wie gesagt äußerlichen – Gelassenheit und Disziplin Du den Erfordernissen Rechnung trägst, das beeindruckt mich tief. Ich kenne ja Dein Temperament und Deine Lust am Spontanen. Deshalb kann ich ermessen, was es Dich kosten muß, nicht über die Stränge zu schlagen, nicht der Verführung nachzugeben, sich gehen zu lassen, sondern diszipliniert zu sein, Tag für Tag.

Du hast mir einmal gesagt, wenn Du schon jeden Tag so leben müßtest, dann wolltest Du auch bewußt leben. Das hat mich sehr beeindruckt. Habe ich Deine Intervention in jenem Gespräch auf dem Gendarmenmarkt falsch verstanden? Oder habe ich richtig herausgehört, daß man heute ruhig ohne Rücksicht auf die Kosten von morgen leben solle, weil ja doch klar sei, daß die Zukunft schlechter wird? Das hielte ich für falsch – deshalb schreibe ich heute. Nicht daß ich moralisieren will: Niemand kann immer gelassen und tapfer sein. Auch Du nicht. Und wer wollte die objektiv vorhandenen Probleme wie Erderwärmung und Klimaveränderung, Umweltkatastrophen, Bevölkerungsexplosion und zunehmende Spannungen auf der Welt leugnen? Aber müssen nicht gerade deshalb mehr Leute bereit sein, auch ohne Erfolgsgarantie zu handeln?

Ich weiß wohl, daß die ständige Verführung durch Werbung und Verkaufsangebote à la »konsumiere heute möglichst viel und bequem, wer weiß, ob Du morgen zahlen mußt« immer mehr Leute auf das verhängnisvolle Gleis unterhaltsamer Verantwortungslosigkeit lockt. Aber dieser Verführung darf man nicht folgen – deshalb schreibe ich. Du weißt das alles selbst, schließlich erinnern wir uns beide an die vielen Diskussionen insbesondere mit Deinen Eltern über Heuchelei, Energie- und Verkehrsverhalten, aber auch mit mir über vernünftige, ökologische Steuerpolitik, wenn ein Wirbelsturm wieder einmal unser Dach abgedeckt oder massenhaft Bäume im Schwarzwald vernichtet hatte.

Deinen Abi-Vortrag hast Du über Nachhaltigkeit und Zukunftsfähigkeit unserer Gesellschaft gehalten und damals zusammengetragen, was nötig wäre, aber heute in der Politik immer noch viel zu sehr vernachlässigt wird. In Deinem Vortrag sprachst du von »gelingendem Leben« – dazu braucht es nicht nur Ausbildung und Intelligenz, sondern auch Zuversicht und immer wieder die Bestätigung, daß Engagement sich lohnt.

Diese Bestätigung möchte ich Dir gerne geben. Sieh zum Beispiel noch einmal auf das Leben meines Großvaters, der 90 Jahre alt wurde. Er bekam mit 16 Jahren Tuberkulose und mußte um 1900 für mehrere Jahre in ein Sanatorium. Beängstigend muß es gewesen sein, vielleicht so, wie Thomas Mann es in seinem Zauberberg beschrieb.

Es ging ihm schlecht; seinem Tagebuch ist zu entnehmen, wie verzweifelt er häufig war – verständlicherweise. Er hat trotz allem Schule und Studium absolviert und danach eine verantwortungsvolle Arbeit übernommen. Seine Krankheit aber verließ ihn nie. Er hat uns Kindern oft erklärt, was richtig ist und was nicht. Dein Großvater erzählte viel von diesem, seinem Vater. Er selbst hat den letzten Weltkrieg schwer verwundet nur 10 Jahre überlebt. Du erinnerst Dich sicher an jene Erzählung aus dem Winter 1944/45, von der Flucht, auf der alle hungerten und froren, und sicher waren, nicht zu überleben? Er hat immer wieder berichtet, er habe das nur durchgestanden, weil sie alles miteinander geteilt hätten. Viele sind dennoch gestorben. Trotzdem: Verantwortung übernehmen ist immer wichtig. Es lohnt sich auch. Dietrich Bonhoeffer hat das in seiner Theologie und in seinen Briefen, selbst in denen aus einem Gefängnis der Nazis, immer wieder betont. Es kommt auf jeden einzelnen an – auf sein Verhalten, seine Verantwortung.

Das wollte ich Dir schreiben. War's doch zu moralisch? Schreib mir wieder, Deine Großmutter

Axel Noack wurde am 8. November 1949 in Biesnitz bei Görlitz geboren. Nach seiner Ausbildung als Betriebsschlosser arbeitete er als diakonischer Helfer in Lobetal bei Bernau. Von 1969 bis 1975 studierte Axel Noack Theologie an der Kirchlichen Hochschule Naumburg, an der er nach seinem Vikariat eine Repetentur für Kirchengeschichte innehatte. Von 1978 bis 1985 arbeitete Axel Noack als Studenten- und Kreisjugendpfarrer in Merseburg, anschließend als Gemeindepfarrer in Wolfen. Er ist Mitglied im Rat der Evangelischen Kirche Deutschlands und Vorstandsvorsitzender der »Dienste in Übersee«. Seit 1997 ist Axel Noack Bischof der Evangelischen Kirche der Kirchenprovinz Sachsen in Magdeburg. Er ist verheiratet und hat drei Kinder.

Meine lieben, hoffentlich einmal zahlreichen Enkelkinder!

Jetzt ist nun endgültig klar, daß Ihr erst im 21. Jahrhundert, also nach dem 1. Januar 2001 geboren werdet.
Meine eigenen Großeltern führten sämtlich noch eine
»18« in ihrem Geburtsjahr.
Es haben sich aber nicht nur die Jahrhundert-Jahres-
zahlen geändert, nein, die Veränderungen sind viel tief-
greifender. Daß Ihr noch nicht geboren seid, ist möglicherweise auch ein Hinweis auf solche Veränderungen
und den stattfindenden gesellschaftlichen Wandel. Heutige
potentielle Eltern sind eher zögerlich mit ihren Kinder-
wünschen. Eure Eltern werden, wenn Ihr geboren werdet, älter sein, als Eure Großmutter und ich es waren, als
wir Eltern wurden. Ich kann Euch also noch nicht mit
Namen anreden und keine Rücksicht auf Eure Ver-
stehensfähigkeiten nehmen. Mein Brief kann sich nicht
nach Euch und Eurem Lebensalter richten. Ihr müßt
selbst das richtige Alter finden, in dem Ihr meinen Brief
lesen und verstehen könnt.
Entsprechend habe ich Eure potentiellen Eltern mehr
im Blick als Euch. Ich stehe also vor der Aufgabe, Euch,
die es noch gar nicht gibt, zu erklären, was ich für die,
die einmal Eure Eltern werden sollen, gewünscht, er-
hofft und erstrebt habe.
Manchmal gibt es glückliche Momente, Sternstunden
gewissermaßen, da ist deutlich zu spüren, daß etwas
»angekommen« ist, daß die Kinder etwas übernommen
haben an Ansichten und Einstellungen, Regeln und Ge-
wohnheiten, von denen wir Eltern durchaus überzeugt

sind, daß sie es wert sind, übernommen zu werden. Dann, wenn man seinen Kindern anmerkt, daß solidarisches Empfinden und soziale Einstellung »selbstverständlich«, die tiefsitzende Skepsis gegen militärische Gewalt »natürlich«, das Interesse an tiefergehenden Fragen und an Büchern »normal« geworden sind, dann, wenn deutlich wird, daß es »einfach klar« ist, rechtsradikale Ansichten abzulehnen, Toleranz zu üben und Verantwortung zu übernehmen.

Aber gerade die von mir gewählten Vokabeln »selbstverständlich«, »natürlich«, »klar« und »normal« sollen auch ein Problem signalisieren. Verhaltensweisen und Einstellungen konnten nur dann geprägt werden, wenn sie wirklich ausgeprägt, d. h. »in Fleisch und Blut übergegangen« sind. In unserer Zeit, wenn ich diesen Brief schreibe, ist unsere Gesellschaft davon gezeichnet, daß die normale, ungefragte, weil selbstverständliche Geltung von Werten und Überzeugungen ins Rutschen zu kommen scheint. Allseits wird der »Werteverlust« beklagt. Dabei geht es weniger um den Verlust als um den Einbruch der unhinterfragten Geltung von Werten. Regeln nach dem Muster »Das und das macht man nicht!« oder »Das gehört sich aber so und so ...« wirken antiquiert und überholt. Solche Regeln sind auch nur sehr bedingt durch Strafandrohung durchzusetzen. Sie brauchen einen festsitzenden Halt in der Gesellschaft und im Empfinden der Mehrzahl der Menschen einer Gesellschaft. Das scheint heute immer weniger gut zu gelingen. Freilich fehlt es nicht an Erklärungen und Begründungen. Regeln sind wie Geländer, man kann sich daran festhalten. Geländer haben aber eben auch die Eigenschaft einzuengen und zu begrenzen. Der Zugewinn an Freiheit beim Wegfall von Regeln steht heute höher im Kurs als der Verlust an Halt und Stütze. Das war nicht immer so und wird nicht immer so bleiben. Mag sein, daß die Lage dann, wenn Ihr diesen Brief lesen könnt, schon wieder ganz anders ist. Doch dann, wenn die Menschen der Freiheit überdrüssig werden und sie sich viel mehr nach Geborgenheit sehnen, ist leider oft genug der günstigste Zeitpunkt für Gurus und Diktatoren.

Neben den von mir beschriebenen Sternstunden gibt es natürlich auch das andere: An den eigenen Kindern entdecke ich nämlich auch »Tugenden«, die ich an mir selbst nur allzu gut kenne und von denen ich gewünscht hätte, daß sie diese gerade nicht geerbt hätten. Wer ehrlich mit sich selbst ist, weiß auch genau, daß man für »Sternstunden« dankbar und froh sein darf, aber nur selten stolz auf seine Erziehungsleistung sein kann. Das Leben selbst wird zeigen, was »angekommen« ist. Schließlich gibt es auch die Momente, in denen schlagartig klar wird, daß es manchmal unüberwindliche Hindernisse dafür gibt, der nachfolgenden Generation etwas von dem zu vermitteln, was mir selbst ganz wichtig war und mich bewegt und interessiert hat.

Ich erzähle Euch dazu eine Geschichte mit einem für Euch ganz fernliegenden Beispiel:

Ich besitze ein Bild, aus einer alten sowjetischen Zeitung habe ich es vor vielen Jahren herausfotographiert. Die Zeitung hatte ich durch Zufall in die Hand bekommen. Sie stammte aus dem Jahr 1939. Das Bild zeigt den deutschen General Guderian, wie er im September 1939 mit einem Kommandeur der Sowjetarmee in Brest-Litowsk eine gemeinsam veranstaltete Parade der Hitlerarmee und der Roten Armee abnahm. Es wurde der gemeinsame Sieg der beiden Armeen über die Republik Polen gefeiert.

Dieses Foto – ich besitze es immer noch – ist ein nicht wegzudiskutierender Beweis und Beleg für den berühmten Hitler-Stalin-Pakt vom Sommer 1939. Dieses Bündnis hatte schon in der Zeit des Dritten Reiches die deutschen Kommunisten und andere Freunde der Sowjetunion tief verunsichert: Wie konnte Stalin sich mit dem verhaßten Hitler einlassen, der Kommunisten und Sozialdemokraten so brutal verfolgte? Nach 1945, nach der Zerschlagung Hitlerdeutschlands wollten natürlich auch Stalin und seine Leute nichts mehr von diesem Pakt wissen. In der DDR gehörte der Hitler-Stalin-Pakt zu den vielen Tabu-Themen, über die nicht öffentlich gesprochen wurde. In den Schulen kam das Thema in keiner Geschichtsstunde vor. Aber ich hatte den Beweis! Dieses Foto war mir lieb und teuer. Ich habe es als Diapositiv oft gezeigt in Vorträgen und bei Diskussionen über den Umgang mit der Geschichte und zur Wahrheitsfrage.

Und überall, wo ich auch nur den kleinsten Hinweis auf den Hitler-Stalin-Pakt finden konnte, war ich äußerst gespannt und aufmerksam. Viele Tabu-Themen der DDR wurden zwar nicht in der Zeitung, schon gar nicht in der Schule, aber hin und wieder in kleinsten Andeutungen in der belletristischen Literatur aufgegriffen. Wer aufmerksam war, konnte viele Belege finden. Ich suchte sie mit großer Hingabe.

Viele Jahre später, nach dem Ende der DDR-Zeit, traf ich meinen jüngsten Sohn, also Euren möglichen Vater, bei seinen Schulaufgaben. Er hatte sich mit eben diesem Pakt für den Geschichtsunterricht zu beschäftigen. Er hatte keine besondere Lust dazu, und es interessierte ihn nicht einen Deut mehr als andere Daten der Geschichte. Es war »normal« geworden, darüber auch in den Schulen zu reden, und die Schüler empfanden auch diesen Lehrstoff mehr lästig als spannend. Mein Versuch, meinem Sohn von dem Bild und von meinem Interesse zu erzählen, war ziemlich erfolglos. Er hat mir mehr mitleidig als interessiert zugehört und vermutlich diese Episode längst vergessen.

Was den Hitler-Stalin-Pakt betrifft, so ist es ja nur gut, daß es nichts Besonderes mehr ist, über ihn zu reden. Längst gibt es ausführliche Darstellungen, und auch »mein« Bild ist wiederholt abgedruckt worden.

Ich wäre ja schon froh, wenn es gelingen könnte, Kindern und Enkeln die Neugier zu vermitteln und die Freude daran, das zu thematisieren, was öffentlich nicht opportun ist bzw. verschwiegen wird. Die Aufmerksamkeit für Zwischentöne und das Interesse für kleine, scheinbar unbedeutende Zeitungsschnipsel werden mir wichtig bleiben.

Dieses Beispiel zeigt zweierlei: erstens die Schwierigkeit und fast Unmöglichkeit, in einer neuen Situation von der alten, vergangenen Zeit mehr als Fakten und Tatsachen, nämlich auch Eindrücke und Empfindungen, vermitteln zu können.

Zweitens: Auch wenn es für Euch, die Ihr im neuen Jahrhundert geboren werdet, lästig sein mag, es geht gar nicht anders, als daß wir Alten immer wieder auf die vergangene DDR-Zeit zurückkommen: einmal, weil die vierzig Jahre DDR, die ich gewissermaßen vom ersten Tage an erleben durfte, selbst bei großzügiger Rechnung einen erheblichen Teil meines Lebens ausmachen werden, aber auch deshalb, weil die DDR ja weder am 9.11.1989 noch am 3.10.1990 einfach verschwunden ist.

Meine ganze Generation hat in den letzten Jahren viel Zeit damit verbracht zu erklären, wie man in einer Diktatur hat leben können. Das ist schwer genug. Zumal jede erklärende Erzählung immer auch Momente der eigenen Rechtfertigung enthält. Denn beides gilt es doch festzuhalten: Es war eine richtige Diktatur mit allen Spielarten der Unfreiheit und der Bevormundung der Bürger. Aber wir haben auch richtig in ihr gelebt und hatten – für unsere Familie gilt das auf jeden Fall – ein gutes und reiches Leben. Möglicherweise war unser Leben auch deshalb so reich, weil es so spannungsreich oder einfach wirklich spannend war. Über vielen, besonders kirchlichen Veranstaltungen, Schriftstellerlesungen und Synodaltagungen lag eine geradezu knisternde Spannung. Jede öffentliche Äußerung, jeder Leserbrief an die Zeitung hatten schon allein von dem Wissen her ihr Gewicht, sie würden – und sei es von den Sicherheitsorganen – bestimmt nicht überhört werden. Wie langweilig sind dagegen heutige Debatten! Mit einem 5 x 5 Zentimeter großen, handgeschriebenen Zettel konnte man damals die gesamte Staatsmacht in Bewegung bringen. Heute dreht sich nach einem hochglanzgedruckten Riesenplakat kaum noch jemand um. Es wäre töricht, den Verlust der Diktatur beklagen zu wollen, aber daß mit ihrem Untergang auch Verluste verbunden sind, wird man nicht bestreiten können. Wurde einem gewissermaßen kostenfrei und von »Staats wegen« der »Kick« geliefert, den man sich heute holen muß, indem man sich an einem TÜV-geprüften Gummiseil von einem Sprungturm aus in die Tiefe fallen läßt? Aber dieser Vergleich verharmlost möglicherweise zu stark das wirkliche Leben in der wirklichen Diktatur.

Es bleibt mühsam, die verschlungenen Lebenswege in der Diktatur zwischen Widerstand und Ergebung, zwischen Anpassung und Verweigerung zu beschreiben. Noch viel schwerer ist es zu erklären, warum man so und nicht anders entschieden hat und diesen und nicht jenen Weg gegangen ist. Wie oft wurde in den letzten Jahren das Wort »Gratwanderung« als erklärendes Bild verwendet! Ist denn eine auf Dauer angelegte »Gratwanderung« als Lebensstil überhaupt möglich? Wird man nicht schließlich und endlich doch nach der einen oder anderen Seite wegrutschen?

Heute, in einer Zeit mit vielen Möglichkeiten, Spielarten und denkbaren Schattierungen, will nicht einleuchten, daß es Zeiten gegeben haben soll, in denen die Auswahl der Entscheidungsmöglichkeiten nahezu auf die Werte »Ja« und »Nein« reduziert war. Am ehesten kann man noch erklären, wie es sich beim Möbel- oder Autokauf verhielt. Wenn überhaupt, hatte man meist nur die Entscheidung zwischen »Kaufen« und »Nicht-Kaufen«. Der Mühe, auch noch eine bestimmte Farbe auswählen zu müssen, war man meist durch die

Verhältnisse enthoben. So sehr viel anders war es auch in anderen Situationen nicht. Beim Zeitungskauf, beim Parteibeitritt, bei der Volkskammerwahl, manchmal sogar bei der Wahl eines Studien- oder auch eines Urlaubsplatzes.

Für sehr viele Menschen hat diese so gravierende Einengung und Reduzierung der Möglichkeiten dazu geführt, daß sie nun ihrerseits ihr Leben in der DDR auf die Frage reduziert haben: Bleiben wir hier oder gehen wir fort? Vier Millionen Menschen sind fortgegangen. Und heute, zehn Jahre nach dem Ende der DDR, muß einfach festgestellt werden: Unser Land hat sich gut erholt, die Straßen und Häuser, das Telefonnetz usw. Der Fortschritt ist nicht zu übersehen.

Von dem großen Aderlaß an Menschen haben wir uns noch nicht wieder erholt. Er ist ja auch mit dem Ende der DDR nicht gestoppt worden, hielt doch die Alternativlosigkeit gerade auf wirtschaftlichem Felde weiter an, und die gewonnene politische Freiheit kann die ökonomischen Zwänge nicht ausgleichen. Bis heute ziehen die Menschen den Arbeitsplätzen hinterher.

Heute, zehn Jahre nach dem Ende der Diktatur, haben sich die Fragen natürlich verschoben. Aber immer noch werden Störungen im Zusammenleben von Ost- und Westdeutschland mit den »Schädigungen« begründet, die die DDR hinterlassen hat. Das wird wohl noch eine ganze Weile so fortdauern, und selbst Ihr, die Ihr erst lange Zeit nach der DDR geboren werdet, könnt immer dann, wenn Ihr mit Euren Eltern später einmal nicht klarkommt – und das kommt in den besten Familien vor! –, die erklärende Ausrede gebrauchen, daß Eure Eltern sich so und so verhalten, hänge mit ihrer »frühkindlichen Schädigung« zusammen, die sie in der DDR erfahren haben.

Manche sähen es natürlich lieber, heute würde jeder ehemaliger DDR-Bürger gleich zu Beginn jedes Gespräches einräumen: Die schlimme Situation hat mich geschädigt. Wir alle, also auch ich, wurden um viele Jahre unseres Lebens betrogen. Der Kindergarten und die sozialistische Schule haben mich verbogen, und auch mein Elternhaus konnte mich unter den obwaltenden Bedingungen nicht ordentlich auf das Leben vorbereiten. Solches Eingeständnis würde viel erleichtern und manchem Ost-West-Konflikt die Schärfe nehmen. Nur: Es wäre nicht richtig, allenfalls die halbe Wahrheit und damit ganz falsch.

Richtig ist allerdings, daß wir uns den genauen Rückblick auf unsere Vergangenheit genausowenig ersparen können wie die kritische Umschau auf das, was uns heute umgibt.

Ein kleines persönliches Fazit aus Rückblick und Umschau möchte ich Euch hier nennen: Man kann seinen Kinder nichts oder jedenfalls nicht viel »ersparen« und man soll es auch gar nicht wollen.

Mit dem »Ersparten« hat auch ein Problem zu tun, daß heute vor allem im Westteil Deutschlands, aber auch zunehmend im Osten Platz greift. Viele Eltern konnten für ihre Kinder eine Menge ersparen. Niemals vorher wurde an die Generation der Kinder und Enkel soviel an materiellen Gütern vererbt wie in unseren Zeiten. Die angesparten Summen erreichen die unvorstellbare

Größenordnung von Billionen. Ein Problem ist damit verbunden: Wie werden die Jungen damit umgehen? Welche Achtung werden sie vor den Gütern haben, für die sie keinen einzigen Finger krumm machen mußten? Im Osten geht es um eine ganz andere Belastung durch »Erspartes«, und auch diese Art »Sparkonto« ist im Westen bekannt. Unter den Bedingungen der Diktatur tritt diese »Sparform« nur deutlicher hervor. Wir haben bis heute daran zu tragen, daß so viele Eltern ihren Kindern Konflikte, Auseinandersetzungen und Schwierigkeiten im beruflichen Fortkommen haben ersparen wollen.

Sie wollten für ihre Kinder und deren Ausbildung das Beste, wenn sie zum Stillhalten und unkritischen Mitmachen erzogen und sie von allem fernhielten, was ihre Karriere hätte gefährden können. Sie gaben sich Mühe, ihre Kinder zu systemkonformem Verhalten zu überreden. In der DDR hieß das gewöhnlich Beitritt zur Pionierorganisation oder zur FDJ und die Teilnahme an der Jugendweihe usw. Und dazu gehörte genauso, daß man seine Kinder besser fernhielt von kirchlichem Unterricht, Konfirmation und kirchlicher Jugendarbeit. Das wäre auch im Westen nicht anders gewesen. Liebende Eltern tun das zu allen Zeiten. In einer Diktatur können solche Anpassungsleistungen allerdings groteske Formen annehmen. Im Extremfall konnten sogar Eltern, die die DDR rundweg ablehnten und im Privatbereich kein gutes Haar an diesem Staat ließen, von ihren Kinder die »freiwillige« Verpflichtung zu einer dreijährigen Armeezeit fordern: »Du sollst doch studieren können!« Diese Doppelhaltung von äußerer Anpassung bei innerer

Ablehnung ist bei den meisten wirklich in »Fleisch und Blut übergegangen«. Es existierte ein ausgesprochen klarsichtiges Gespür dafür, wo ich wie reden muß und wo ich besser stillhalte.

Ich selbst allerdings bin meinen eigenen Eltern bis heute dankbar, daß sie in dieser Hinsicht sehr zurückhaltend waren. Mein Bruder und ich erinnern uns allerdings bis heute an die regelmäßige mütterliche Ermahnung vor Kinobesuchen, daß wir beim *Augenzeugen* keine »dummen Bemerkungen« machen sollten. (Der *Augenzeuge* war eine Wochenschau, ein obligatorischer politischer Vorfilm in Zeiten, als die Fernsehtagesschau noch keine solche Priorität hatte wie heute.) Aber unsere Eltern haben uns nicht zu konformem Verhalten zu überreden versucht, und sie haben die Schwierigkeiten mitgetragen, die wir dann bekamen, als wir einen Studienplatz haben wollten.

Ich bin auch deshalb Pfarrer geworden, weil ich Theologie an einer kirchlichen Hochschule studieren konnte, nachdem mir die Universität verwehrt worden war. In diesem Beruf bin ich froh geworden, und deshalb bin ich Gott dafür dankbar, daß er den Genossen Walter Ulbricht und seine Funktionäre dazu benutzt hat, mich auf diesen Weg zu bringen. Ganz von Herzen bin ich dafür dankbar, weiß aber wohl, daß nicht alle so denken und reden können. Viele konnten sich von dem Knick in ihrem beruflichem Werdegang nicht wieder erholen, und deshalb wäre es auch ungerecht, all die Eltern zu verteufeln, die genau das ihren Kindern ersparen wollten. Die Frage, was man seinen Kindern zumuten darf, aber auch zumuten soll, ist eine bis heute spannende Frage. Man kann seine Kinder nicht vor allem bewahren und ich denke heute viel stärker als damals, als Eure Eltern klein waren: Wir sollen unsere Kinder auch nicht vor allem bewahren wollen. Auch in einem goldenen Käfig kann man sie vom Leben fern-halten.

Gerade in unserer heutigen Situation bin ich immer mehr davon überzeugt, daß es Menschen braucht, die wagen, ihre Überzeugung auch zu leben, sich nicht damit zu verstecken, auch nicht vor den eigenen Kin-dern. Wir sind es unseren Kindern schuldig, ihnen zu sagen und zu zeigen, woran wir glauben und worauf wir vertrauen, wenn es ernst wird. Das gilt unabhängig vom christlichen Glauben für alle Eltern.

Eltern können ihren Kindern gegenüber doch keine »weltanschauliche Neutralität« wahren. So energisch man solche vom Staat erwarten und einfordern muß: Eltern sind verpflichtet, den Kindern Auskunft und Richtungsweisung zu geben. Möglicherweise sind wir DDR-gelernten Eltern besonders vorsichtig und zurückhaltend, wenn es darum geht, unseren Kindern auch eine weltanschauliche Bildung und Erziehung angedeihen zu lassen. Wir haben einen Staat erlebt, der sich in unerträglicher Weise in diese Bereiche eingemischt hat, so daß es bei uns eine Art »Befreiung« bedeutet, von diesem »ideologischen Unsinn« weg-zukommen.

Die DDR hat auf dem Feld der Überzeugungsbildung eine besondere Art Vakuum hinterlassen. Seine Folgen sind – zehn Jahre nach dem Ende der DDR – längst nicht überwunden.

Sehr oft ist bis heute der Satz zu hören: »Meine Kinder sollen möglichst viel wissen und können, aber was sie einmal glauben werden, woran sie sich halten, wenn es ernst wird, das sollen sie später einmal selbst entscheiden.« Es ist ein unsinniger Satz! Als wollte ich meinen Kindern sagen: Bis ihr erwachsen seid, sprechen wir nur Esperanto miteinander. Später entscheidet ihr euch für eine Muttersprache. Das geht nicht. Jeder Mensch braucht eine Muttersprache und die muß ihm von seinen Eltern vorgegeben werden. Manche wachsen zweisprachig auf. Das kann ein Vorteil sein. Andere wechseln auch mal die Muttersprache, das wird selten vorkommen. Fremdsprachen zu erlernen ist äußerst sinnvoll, aber dazu bedarf es auch einer Muttersprache. Ganz ähnlich verhält es sich mit Überzeugungen und Einstellungen, mit dem Glauben. Eltern müssen für ihre Kinder etwas wollen und vorleben. Sie müssen sprechen! Dabei ist doch die Vermittlung von Überzeugungen, Haltungen und Einstellungen genauso wichtig wie die Vermittlung von Wissen und Fertigkeiten. Das hat schon Martin Luther gewußt und in seiner unübertroffenen, drastischen Art zum Ausdruck gebracht:

»Es ist eine schändliche Verachtung Gottes, daß wir unseren Kindern solche herrlichen göttlichen Werke nicht gönnen und stecken sie allein in des Bauches und Geizes Dienst. Lassen sie nichts lernen denn Nahrung suchen, gleichwie eine Sau mit der Nase immer im Dreck wühlen muß. Und erziehen sie nicht zu einem würdigen Stand und Wesen. Wir müssen gewiss unsinnig sein oder haben unsere Kinder nicht recht lieb.«

Schlimmer, als Kindern und Enkeln zu belehrend oder gar bevormundend vorzukommen, scheint mir heute die allzu große Zögerlichkeit und Zurückhaltung zu sein. Wirkliche Toleranz wird nur derjenige fröhlich leben können, der für sich selbst einen Platz gefunden hat. In der viel beschworenen »multikulturellen« Gesellschaft werden vor allem diejenigen auffallen, die gar keine Kultur haben! Im Blick auf Eure Eltern war ich vermutlich sehr zurückhaltend, gerade was die Weitergabe des christlichen Glaubens anbetrifft. Ich wollte unsere Kinder nicht nötigen. Hoffentlich haben sie dennoch gespürt, wie ernst es mir damit ist.

Ich habe von einem meiner alten Fotos erzählt und will aus der Vielzahl meiner Bilder noch ein weiteres herausgreifen. Es ist erst zwei Jahre alt. Es zeigt meine eigenen altgewordenen Eltern, Eure Urgroßeltern, bei einem Besuch der entfernt liegenden Gräber ihrer Eltern. Mein Vater und meine Mutter haben, so gut sie es in ihrem hohen Alter noch vermögen, die Gräber abgeharkt und Blumen niedergelegt. Mein alter Vater hat seinen Hut abgenommen und die Hände zum Gebet gefaltet. Meine Mutter steht daneben.

Ich wünsche mir eigentlich sehr, daß meine Kinder auch einmal alt und betagt so an unserem Grabe stehen können und stehen wollen und einer oder eine von Euch Enkelkindern ein Foto davon machen kann. Daß es dann keine »normalen« Fotoapparate mehr geben dürfte, sondern nur noch Digitalkameras, ändert an meinem Wunsche nichts.

Euch, liebe Enkelkinder, wünsche ich ein volles und erfülltes, von Gott gesegnetes Leben.

Es grüßt Euch Euer Großvater Axel

Hans Koschnik wurde am 2. April 1929 geboren. 1950 trat er der SPD bei und war während seiner Zeit im Bundesvorstand der SPD (1975–1979) Stellvertreter von Willy Brandt im Parteivorsitz. 1963 wurde er Senator für Inneres der Landesregierung Bremen und war danach 20 Jahre Bürgermeister der Hansestadt. 1971/72 und 1981/82 bekleidete Hans Koschnik das Amt des Bundesratspräsidenten. Er engagierte sich zudem für die Region Südosteuropa. Seit dem Jahr 2000 ist er Vorsitzender des Lenkungsausschusses für Flüchtlingsfragen im Stabilitätspakt für Südosteuropa sowie Vorsitzender der Vereinigung »Gegen Vergessen – für Demokratie«. Für seine Verdienste erhielt er u. a. die Ehrenbürgerschaft der Städte Bremen und Gdansk sowie die Ehrendoktorwürde der Universität Haifa. Hans Koschnik ist seit 1954 verheiratet, hat einen Sohn und zwei Enkel.

Liebe Maralde,

heute am Reformationstag wende ich mich mit diesem
Schreiben Dir zu und möchte zunächst meinen Respekt
für Deine schulischen Leistungen bekunden, die für
mich schwer nachzuvollziehen sind. Nicht weil ich an
Deiner Befähigung gezweifelt hätte, wohl aber weil ich
meine eigenen »Leistungsbeweise« in der Schule nicht
verdrängt habe und deshalb nur staunen kann.

Gerade wer wie ich zwar gerne die Penne besuchte,
interessiert war und Freunde in der Klasse gefunden
hatte, aber leider nicht immer sehr ernsthaft arbeitete
und deshalb auch nicht mit guten Zeugnissen rechnen
durfte, sieht bei Dir, daß es auch anders geht.

Ein gutes Abi wirst Du eher hinlegen als es mir mit
meinem minderen Schulabschluß gelang. Deshalb ist
meine Anerkennung für Dein Engagement ganz ehrlich
gemeint; es ist schließlich nicht auf Ellenbogen und
Karriere gerichtet, sondern Ausdruck einer beacht-
lichen Begabung, die bei mir die Frage aufwirft, ob das
wirklich etwas mit den »Genen« zu tun haben kann –
vielleicht eine Mutation im Überbringen der Gene des
Großvaters?

Doch das allein wollte ich Dir nicht sagen, es geht ja gar
nicht nur um den Stolz des Großvaters auf seine Enkelin. Es geht vielmehr auch darum, daß wir alle – jeder
für sich – zu bedenken und zu beachten haben, daß
intellektuelle und praktische Fähigkeiten wichtige
Lebensstützen nur dann sein können, wenn sie gepaart
sind mit Werten, die uns erst zu wirklich brauchbaren
Menschen machen. Früher nannte man das Tugend; ich

habe ein wenig Bedenken, diesen Begriff zu benutzen, weil er so altertümlich bürgerlich klingt. Dennoch drückt er genau das aus, was unsere Zeit so sehr benötigt: Mitgefühl, Rechtschaffenheit untereinander und gegenüber anderen, Verläßlichkeit und nicht zuletzt die Respektierung des anderen in seinem Anderssein (wir sind doch Gott sei Dank nicht Objekte klonungsbereiter Wissenschaft), zudem und nicht zuletzt Pflichtbewußtsein. Schließlich können wir ernsthaft unsere Rechte gegenüber Staat und Gesellschaft nur geltend machen, wenn wir selbst gewillt sind, unsere Pflichten gegenüber dem Nächsten und der Gemeinschaft zu erfüllen – Pflichten, die in den Geboten unseres Glaubens begründet sind und die manchmal auch im Alltag mit »so etwas tut man eben (nicht)« ihren Ausdruck finden. So wurde oft gefragt, warum ich es mir nach den langen Jahren im Dienst des Staates und der Öffentlichkeit noch antue, mich auf dem Balkan so sehr zu engagieren; ich könnte doch längst in den – wie es so heißt – wohlverdienten Ruhestand gehen. Gewiß ist das nicht falsch, aber: Ich wollte und will nicht als jemand dastehen, der wohlfeile Forderungen an andere stellt und sich mit dem Hinweis auf sein Alter dann von der Umsetzung der Forderungen fernhält.

Nein, im Bewußtsein, daß Forderungen leichter aufgestellt werden, als sie zu realisieren sind, habe ich in völliger Übereinstimmung mit Deiner Großmutter Christine meine Entscheidung getroffen, den Menschen auf dem Balkan, den Flüchtlingen und Vertriebenen, den durch die Kriege in Südost-Europa vielfältig Betroffenen und Geschädigten zu helfen, mindestens wollte ich versuchen zu helfen. Ich habe nicht die Not der Menschen in der von Hitler verschuldeten Kriegs- und Nachkriegszeit vergessen und auch nicht verdrängt, daß uns damals von anderen geholfen wurde, aus welchen Gründen auch immer. Das verpflichtet. Geschichtliche Schuld mit abzutragen und Wege bahnen zu helfen, die zu einem dauerhaften Frieden führen können, ist mein Anliegen, seitdem ich politisch tätig bin. Das hat mich zu meinen heutigen Aufgaben geführt.

Aber da war noch etwas anderes. Ich wollte und will nicht, daß die uns Nachwachsenden an der Last mittragen müssen, die wir – die Generation des letzten Weltkrieges – zu bewältigen haben. Ihr sollt wissen, was war und warum eine Wiederholung von Barbarei um jeden Preis verhindert werden muß; das ist Eure zukünftige Aufgabe, wir Alten treten hier aus Altersgründen allmählich zurück. Denn auch für Euch gilt: »Nie wieder Auschwitz, nie wieder Hiroshima«.

Warum beziehe ich mich auf Auschwitz und Hiroshima? Die jungen Menschen unserer Tage können zurecht sagen: Das waren Ereignisse, die vor unserer Geburt lagen, die haben wir nicht mitzuverantworten. Gewiß, das stimmt und sollte auch von niemandem in Frage gestellt werden. Doch die Tatsache, daß trotz Humanismus, Reformation und Aufklärung, also trotz der von Martin Luther eingeforderten Schärfung des eigenen Gewissens und der Erkenntnis persönlicher Verantwortung für Tun oder Unterlassen so unvorstellbare Gewalt und Vernichtungsakte gegenüber anderen Menschen möglich waren, ist kein unwiederholbares, einmaliges Ergebnis von unmenschlicher Politik; es ist vielmehr eine permanente

Gefahr in jeder gewaltbereiten Zeit! Das ist zum Beispiel heute der Fall, wo zwar viel von Aussöhnung gesprochen wird, aber die Schrecken von Krieg, Vertreibung und Mord dennoch immer wieder das Leben von vielen tausend Menschen belasten. Hier seid Ihr gefordert, dem »nie wieder« durch konkrete Verständigungsarbeit eine feste Basis zu geben.

Und Euch bleibt nicht nur diese Aufgabe, Neues wird auf Euch hereinstürmen, auch Ihr werdet es nicht zu leicht haben. Doch hoffe ich nicht nur für Euch, daß es Euch erspart bleibt, nach dem »Warum« eines mörderischen Zeitalters gefragt zu werden; zum Beispiel gefragt zu werden, ob es denn wirklich einen Gott gibt, der das alles zuläßt. Und ich sage Dir, was mir im Leben ganz allmählich an Erkenntnis zugewachsen ist: Ja, es gibt ihn! Nicht er, sondern wir Menschen haben durch Mißachtung universaler Werte und durch die Ablehnung des anderen das Unheil auf die Welt gebracht. Kein unbekannter oder bekannter Gott kann in die Pflicht genommen werden für das, was wir Menschen selbst anrichten. Wir haben uns zu ändern. Das ist das Credo meines Lebens. Das will ich Dir gern bei Deinem Eintritt in die Zeit der Reife mit auf den Weg geben, nicht als Epistel sondern als schlichte Einsicht in das, was den Menschen ausmachen soll.

Dem Sinne nach gilt dieser Brief auch für meinen Enkel Julius.

In herzlicher Verbundenheit, Dein Großvater Hans

Ende und Anfang (*Wistawa Szymborska)*

Nach jedem Krieg
muß jemand aufräumen.
Leidliche Ordnung
kommt doch nicht von allein.

Jemand muß die Trümmer
von der Straße kehren,
damit die Leichenwagen
passieren können.

Jemand muß
durch Asche und Schlamm,
Sprungfedern, Glassplitter,
blutige Lumpen hindurch.

Jemand muß, um die Wand zu stützen,
den Balken herbei schleppen,
jemand das Fenster verglasen
und die Tür wieder einhängen.

Hübsch ist das nicht,
und es dauert Jahre.
Die Kameras sind bereits abgereist
in einen anderen Krieg.

Die Brücken muß man wieder bauen
und Bahnhöfe aufs neue.
Die Ärmel zum Hochkrempeln
hängen in Fetzen.

Jemand, mit dem Besen in der Hand,
erinnert sich noch, wie es war.
Jemand hört zu
und nickt mit dem nicht geköpften Kopf.
Aber ganz in der Nähe schon
treiben sich welche herum,
die das langweilig finden.

Manchmal buddelt einer
unterm Strauch
durchgerostete Argumente aus
und wirft sie zum Müll.

Diejenigen, die wußten,
worum es hier ging,
machen denen Platz,
die wenig wissen.
Weniger noch als wenig.
Und schließlich so gut wie nichts.

Im Gras, das über Ursachen und Folgen wächst,
muß jemand ausgestreckt liegen,
einen Halm zwischen den Zähnen,
und in die Wolken starrn.

(Wistawa Szymborska wurde 1923 geboren, sie lebt seit
1991 in Krakau. Sie studierte Polonistik und Soziologie.
Ihr Werk wurde mit zahlreichen Preisen geehrt).

Reihenfolge der Sendebeiträge beim Deutschlandfunk:

Manfred Kock	11. April 1999
Dorothee Sölle	9. Mai 1999
Fulbert Steffensky	27. Juni 1999
Regine Hildebrandt	25. Juli 1999
Jörg Zink	19. September 1999
Joachim Gauck	3. Oktober 1999
Otto Graf Lambsdorff	17. Oktober 1999
Konrad Raiser	2. Januar 2000
Ernst Ulrich von Weizsäcker	16. Januar 2000
Renate Schmidt	30. Januar 2000
Jürgen Fliege	27. Februar 2000
Heide Simonis	12. März 2000
Rupert Neudeck	9. April 2000
Norbert Blüm	30. April 2000
Liesel Westermann-Krieg	14. Mai 2000
Erhard Eppler	28. Mai 2000
Friedrich Schorlemmer	9. Juli 2000
Maria Jepsen	23. Juli 2000
Michael Groß	20. August 2000
Eberhard Gienger	17. September 2000
Reinhard Höppner	1. Oktober 2000
Ruth Lapide	15. Oktober 2000
Herta Däubler-Gmelin	29. Oktober 2000
Axel Noack	12. November 2000
Hans Koschnick	10. Dezember 2000